语文强基

# 词语专项突破

金美仙　乡宁　编著

## 基础篇

◎ 量词　◎ 形容词　◎ 关联词语　◎ 熟语

开启词语学习新征程，攻克语文基础关

北京语言大学出版社
BEIJING LANGUAGE AND CULTURE UNIVERSITY PRESS

图书在版编目（CIP）数据

语文强基. 词语专项突破. 基础篇 / 金美仙，乡宁编著. -- 北京 : 北京语言大学出版社，2024. 12.
ISBN 978-7-5619-6690-7

Ⅰ. H1-49

中国国家版本馆CIP数据核字第20240WA307号

# 语文强基 · 词语专项突破（基础篇）
YUWEN QIANGJI · CIYU ZHUANXIANG TUPO (JICHU PIAN)

排版制作：北京创艺涵文化发展有限公司
责任印制：周 燚

出版发行：北京语言大学出版社
社　　址：北京市海淀区学院路15号，100083
网　　址：www.blcup.com
电子信箱：service@blcup.com
电　　话：编 辑 部　8610-82303390
　　　　　国内发行　8610-82303650/3591/3648
　　　　　海外发行　8610-82303365/3080/3668
　　　　　北语书店　8610-82303653
　　　　　网购咨询　8610-82303908
印　　刷：北京鑫丰华彩印有限公司

版　　次：2024年12月第1版　　印　　次：2024年12月第1次印刷
开　　本：889毫米×1194毫米 1/16　　印　　张：6.25
字　　数：108千字
定　　价：36.00元

PRINTED IN CHINA

# 目 录

# 第一节 认识量词

## ★ 量词的概念

量词是用来表示人、事物或动作的数量单位的词，如"一个人""一张桌子""吃一顿"中的"个""张""顿"。

## ★ 量词的分类

量词主要分为名量词和动量词两大类。

名量词是描述人或事物的数量单位，如"一群人""一件小事"中的"群""件"。名量词的分类详见表 1–1。

表 1–1　名量词的分类

| 类型 | 示例 |
| --- | --- |
| 个体量词 | 一本书、一匹马 |
| 集体量词 | 一对夫妻、一双筷子 |
| 度量衡量词 | 一千克大米、一米距离 |
| 借用的名量词 | 一碗饭、一瓶水 |

动量词是用来说明动作发生的次数或时间总量的单位，如"去了一趟""睡了一夜"中的"趟""夜"。动量词的分类详见表 1–2。

表 1–2　动量词的分类

| 类型 | 示例 |
| --- | --- |
| 动作次数量词 | 写三遍、演一次 |
| 动作时间量词 | 跑了八秒、住了一年 |
| 借用的动量词 | 画一笔、看一眼 |

## 量词的注意事项

1. 量词一般不单独使用，通常位于数词和名词之间。可以说“一朵白云”“两张笑脸”，不能说“朵白云”“张笑脸”。

2. 量词与数词组成数量短语。通常是一个数词搭配一个量词，也可以是两三个数词搭配一个量词。例如：

一些花花草草　　三碗粥　　七八条鱼　　三六九等

3. 和量词搭配连用的数词一般没有数值限制，既可以是确定的数字，也可以是“几”“多”等不定的数目。例如：

一棵大树　　十八棵青松　　几根火柴　　多项课题

4. 有些量词只能和数字“一”搭配。例如：

一些人　　一帮朋友　　一点儿困难

5. 在量词的分类中，有两种特殊的量词：借用的名量词和借用的动量词。量词的临时借用是一种常见的语言现象，它是指在特定的语境下，临时将名词或动词用作量词。如“一盆葡萄”，提起“葡萄”，我们通常会使用量词“串”或“颗”与之搭配，但当表述者要表达葡萄与容器之间的连带关系时，就不在意盆里有几串葡萄、一串有多少颗，也不在意盆的款式和形制，而是临时借用“盆”这个名词作为量词。这也叫“临时量词”或“借用量词”。

6. 有些量词在音和形方面相近或相同，但使用的语境或搭配对象却有所差异。如“节”和“截”读音相同，但意思不同，使用的语境也不同；如“撮”有 cuō 和 zuǒ 两个读音，分别做量词时所用语境也有差异。即使两个量词在意义上相近，它们的应用范围也可能不同。如“服”和“剂”都可以与“中药”搭配，但“服”指按配方把各种中药配齐后组成的一份，“剂”则用于若干味药配合起来的汤药。因此，在实际使用时，我们需要根据语境、搭配等来准确选择量词，以免产生歧义或误解。

7. 在特定的语境或表达中，量词能够传达出某种情感或态度。如“两位年轻人在与一伙歹徒的搏斗中献出了宝贵的生命”。仅从“位”和“伙”这两个量词中就可以感受到说话者的立场了。因此，在使用量词时，我们需要根据具体的语境和表达需求来选择合适的量词，以准确地传达出我们想要表达的意思和情感。

8. 多数量词可以重叠，如“朵朵白云天上飘”“张张笑脸迎嘉宾”。量词重叠后，可以增强语言的表达效果。“朵朵白云天上飘”中的“朵朵”表示数量多，“张张笑脸迎嘉宾”中的“张张”表示“每个都”。

同学们，“谁知盘中餐，粒粒皆辛苦”中的“粒粒”指的是“每一粒”，如果把后半句改成“每粒皆辛苦”“万粒皆辛苦”或者“一粒也辛苦”，试体会，哪个更能让人感受到粮食的来之不易，体会到农民伯伯的辛劳呢？

# 第二节 专项突破：量词的恰当应用

## 一 为下面的名词选择恰当的量词，并填在横线上。( 可多选 )

1. 堵 丝 道 缕 颗 段 阵 发 个 场 枚 股

风：______ 城墙：______

炮弹：______

2. 棵 艘 株 只 朵 方 条 阵 块 股 团

棉花：______ 砚台：______

轮船：______ 旋风：______

3. 根 道 撮 束 条 只 绺 头 群 缕

头发：______ 山羊：______

水渠：______

4. 件 盒 部 管 杆 条 幅 项 篇 支

作品：______ 笔：______

制度：______

5. 粒 丝 部 道 副 颗 条 辆

钻石：______ 汽车：______

皱纹：______ 担子：______

6. 折 道 台 双 幕 场 面 出 条 部 对 杆

红旗：______ 眉毛：______

戏：______

## 二 将下面使用了借用量词的数量短语填在横线上。

1. 满墙广告 三摞图书 两箱牛奶 一本期刊 一黑板留言
五封家书 一橱窗照片 二十册书 一抽屉信 一小段话

______

______

2. 二两酒　一过道雕像　一股香气　三大碗水　一对手镯
一瓶氧气　十八尊佛龛　一座高楼　四个馒头　两盘饺子

3. 一勺酱油　几滴水　一桌子菜　两棵白菜　八枚铜板
一口袋硬币　一盒子饼干　两片面包　十来个人　一车人

4. 改三遍　吃三顿　踩一脚油门　露一手　尝几口
敲三下　切一刀　去一天　溜达几步　睡一夜

# 第三节 专项突破：量词的搭配

**一** 在括号中填入恰当的数词。其中，属于固定搭配的数量词组合，在括号中填“一”；数量不受限制的则在括号中填“几”。

1.（　）撮盐　5.（　）排栅栏　9.（　）幅图片　13.（　）次战斗
2.（　）顿饭　6.（　）缕春风　10.（　）盘散沙　14.（　）丝寒意
3.（　）道屏障　7.（　）团棉絮　11.（　）派生机　15.（　）张笑脸
4.（　）钩残月　8.（　）股香味　12.（　）轮红日　16.（　）弯新月

**二** 用“√”选择括号中的数词，与量词组成合理或固定的搭配。

1.（一|二）身毛病　4. 一溜摆着（一|八）个罐子
2. 干（一|三|九）番事业　5.（一二|两|七八）个战士列队
3.（十七五|十七八|十七九）个小伙子　6. 眼前是（一|三|上百）片汪洋

**三** 选择恰当的形容词填在括号中，与量词组成合理的搭配。

1. 这一（　　）杯故乡的黄土，寄托着他无限的思乡之情。
A. 小　B. 少　C. 浅　D. 薄

2.“二小姐一立了功，（　　）捧的钞票不是又塞鼓了你的口袋？”瑞丰眉飞色舞地说。
A. 多　B. 大　C. 厚　D. 深

3. 那一（　　）撮坏人立刻被警察抓住了。
A. 大　B. 小　C. 少　D. 整

4. 他站在窑洞门口，把一（　　）叠子草稿、表格、文件交给了胡杏。
A. 多　B. 大　C. 长　D. 深

5. 路上，他们陆陆续续碰见许多搬运油菜的人，一会儿一（　　）串儿，一会儿一（　　）串儿。
A. 多　B. 长　C. 巨　D. 大

6. 妈妈特意准备了一（　　）碟醋，用来搭配清蒸鱼，让鱼肉的味道更加鲜美。
A. 浅　B. 微　C. 少　D. 小

7. 奶奶知道我喜欢吃桂花糖，每当院子里的桂花树开花的时候，她都会亲手给我做几（　　）罐，等我回来吃。

A. 少　　B. 浅　　C. 小　　D. 短

# 第四节 专项突破：多音量词和近义量词

下面的量词在音、形、义方面相同或相近，请根据表格中的解释，按要求完成练习。

| | | |
|---|---|---|
| 撮 | 读 cuō | ①用于可用手撮取的东西。 |
| | | ②用于极少数的坏人或事物。前面常用“小”修饰。 |
| | 读 zuǒ | 用于成丛的毛发。 |

给量词注上正确的读音：

1. 一撮（　　）芝麻
2. 一撮（　　）胡子
3. 一撮（　　）盐
4. 一撮（　　）白头发
5. 一小撮（　　）捣乱分子
6. 拔撮（　　）毫毛

| | | |
|---|---|---|
| 通 | 读 tōng | 用于文书电报等。 |
| | 读 tòng | ①用于演奏锣、鼓等打击乐器。 |
| | | ②用于动作。数词多用“一”。可儿化。 |

给量词注上正确的读音：

1. 一通（　　）埋怨
2. 一通（　　）手札
3. 打了三通（　　）鼓
4. 大闹了一通（　　）儿
5. 一通（　　）电话
6. 挨了一通（　　）儿说

| | | |
|---|---|---|
| 集 / 辑 | 集 | 某些篇幅较长的著作或作品中相对独立的部分。 |
| | 辑 | 整套书籍、资料等按内容或发表先后次序分成的各个部分。 |

填入恰当的量词：

1.《中华掌故类编》丛书按类别分为六（　　）
2.《康熙字典》分为子丑寅卯等十二（　　）
3.《物质文化史》共十（　　）22 卷本
4. 电影《飘》分为上下（　　）
5. 新闻简报第四（　　）
6. 二十（　　）电视剧

| | | |
|---|---|---|
| 打／沓 | 打 | 用来表示十二个。 |
| | 沓 | 用于重叠起来的纸张或其他薄的东西。 |

填入恰当的量词：

1. 一（　　）彩色铅笔
2. 一（　　）文件
3. 两（　　）运动袜
4. 一（　　）人民币
5. 一（　　）白纸
6. 敌人敢来六对，就消灭他一（　　）

| | | |
|---|---|---|
| 只／支／枝 | 只 | ①用于某些成对的东西中的一个。 |
| | | ②用于动物（多指飞禽、走兽）。 |
| | | ③用于某些器具。 |
| | | ④用于船只。 |
| | 支 | ①用于队伍等。 |
| | | ②用于歌曲或乐曲。 |
| | | ③用于杆状的东西。 |
| | 枝 | 用于带枝子的花朵。 |

（一）填入恰当的量词：

1. 两（　　）钢笔
2. 一（　　）钢琴曲
3. 一（　　）红杏
4. 两（　　）部队
5. 四（　　）茶杯
6. 一（　　）小船
7. 十（　　）蜡烛
8. 两（　　）老虎

（二）判断正误（画√或×，并在横线上改正）：

1. 三支兔子（　　）________
2. 一枝小分队（　　）________
3. 一枝歌曲（　　）________
4. 三支箱子（　　）________
5. 两只玫瑰（　　）________
6. 一枝铅笔（　　）________
7. 一支耳环（　　）________
8. 一只猎枪（　　）________

# 第五节 专项突破：量词的感情色彩与修辞效果

## 一 对比下面每组量词所表达的感情色彩，选择恰当的量词填在括号中。

1. 群 伙

一（　　）精英

一（　　）暴徒

2. 位 介

一（　　）教授

一（　　）平民

3. 座 块

一（　　）宏伟的纪念碑

一（　　）字迹斑驳的墓碑

4. 身 股

一（　　）正气

一（　　）邪气

5. 副 尊

一（　　）雕像

装出一（　　）正人君子的样子

6. 批 窝

一（　　）才俊

一（　　）盗贼

7. 股 支

一（　　）部队

两（　　）土匪

8. 批 帮

一（　　）骨干

一（　　）败类

9. 撮 帮

一大（　　）兄弟

一小（　　）敌人

10. 副 张

一（　　）丑恶的嘴脸

一（　　）可爱的笑脸

## 二 从括号中选择最恰当的量词，并在上面画“√”。

1. 一（位｜名｜个）和尚挑水吃，两（位｜名｜个）和尚抬水吃，三（位｜名｜个）和尚没水吃。

2. 广场上矗立着一（块｜座｜个）人民英雄纪念碑。

3. 这（块｜枚｜个）珍贵的玉石印章是大师亲手刻制的。

4. 他成天不务正业，一（出｜场｜台）接一（出｜场｜台）地闹，弄得家里鸡飞狗跳，不得安生。

5. 那两（个｜名｜位）家伙果然在砸门，咚！咚！

三 有些量词有比喻事物形状的作用，请找出包含这种量词的数量短语，并填在横线上。

| | | | |
|---|---|---|---|
| 一叶扁舟 | 一粒花生 | 一阵火气 | 一湖秋水 |
| 一脸无辜 | 九个太阳 | 一团毛线 | 一缕情思 |
| 一方手帕 | 一轮红日 | 一只小舟 | 一门武功 |

______________________________

______________________________

# 第六节 专项突破：量词的重叠

将下面各组中左边的重叠量词与右边的词语用线连成恰当的短语。

第一组：

| | |
|---|---|
| 一件件 | 怪事 |
| 一行行 | 讲座 |
| 一桩桩 | 字迹 |
| 一堂堂 | 物品 |

第二组：

| | |
|---|---|
| 一张张 | 种子 |
| 一笔笔 | 宿舍 |
| 一粒粒 | 血债 |
| 一间间 | 笑脸 |

第三组：

| | |
|---|---|
| 篇篇 | 有余 |
| 串串 | 葡萄 |
| 条条 | 檄文 |
| 年年 | 大路 |

第四组：

| | |
|---|---|
| 层层 | 白云 |
| 回回 | 惊心 |
| 朵朵 | 梯田 |
| 步步 | 落空 |

# 第七节 综合提升

## 一 在括号中填入恰当的量词。

1.（ ）步难行
2.（ ）瓦无存
3. 屡（ ）三（ ）
4. 跬步千（ ）
5. 半（ ）八（ ）
6. 蛇打七（ ）
7. 一目十（ ）
8. 此地无银三百（ ）
9. 五十（ ）笑百（ ）
10. 十八（ ）武艺，样样精通
11. 三（ ）打鱼，两（ ）晒网
12. 听君一（ ）话，胜读十（ ）书

## 二 按要求进行选择。

1. 在下面的四组数量短语中，量词使用全部正确的一组是（ ）。

A. 一对春联　一对石猴　一对大腿　一对耳朵
B. 一台晚会　一台坦克　一台机床　一台电脑
C. 一匹山羊　一匹绸缎　一匹骏马　一匹饿狼
D. 一串葡萄　一串项链　一串灯笼　一串光芒

2. 在下面的四组数量短语中，量词使用全部正确的一组是（ ）。

A. 一丝幻想　一丝凉意　一丝不安　一丝剧痛
B. 一阵雨点　一阵欢笑　一阵巨响　一阵演出
C. 一盏明灯　一坛油灯　一潭池水　一池荷花
D. 一圈花纹　一轮明月　一轴画卷　一卷图纸

## 三 下面都是摘自文学作品中的语句，请结合上下文，在括号中填入恰当的量词。

1. 两（ ）黄鹂鸣翠柳，一（ ）白鹭上青天。
窗含西岭千秋雪，门泊东吴万（ ）船。

——［唐］杜甫《绝句》

2. 朝辞白帝彩云间，千（ ）江陵一（ ）还。
两岸猿声啼不住，轻舟已过万（ ）山。

——［唐］李白《早发白帝城》

3. 欲穷千（　　）目，更上一（　　）楼。

——［唐］王之涣《登鹳雀楼》

4. 碧玉妆成一树高，万（　　）垂下绿丝绦。

——［唐］贺知章《咏柳》

5. 离离原上草，一（　　）一枯荣。

——［唐］白居易《赋得古原草送别》

6. 危楼高百（　　），手可摘星辰。

——［唐］李白《夜宿山寺》

7. 一（　　）浩然气，千（　　）快哉风。

——［宋］苏轼《水调歌头·黄州快哉亭赠张偓佺》

8. 一去二三（　　），烟村四五（　　）。
亭台六七（　　），八九十（　　）花。

——［宋］邵雍《山村咏怀》

9. 七八（　　）星天外，两三（　　）雨山前。

——［宋］辛弃疾《西江月·夜行黄沙道中》

10. 已是悬崖百（　　）冰，犹有花枝俏。

——毛泽东《卜算子·咏梅》

11. 人们不难想象，那雄浑的天穹，苍茫的大海，从黎明前的沉沉暗夜里升起第一（　　）曙光，燃起第一（　　）火炬，这该是何等壮观。

——刘白羽《日出》

12. 他偷偷地数了数其他的稻草捆，一共十六捆，他估计一捆足有五六（　　）步枪，那么，总共有八九十（　　）步枪，加上两（　　）机枪，正是一个警备队的武装。

——刘知侠《铁道游击队》

13. 无论开端的人是有意的还是无心的，我们都应该感谢他。因为这一来，我们才觉悟了诗的实力不独包括音乐的美（音节），绘画的美（辞藻），并且还有建筑的美（节的匀称和句的均齐）。这一来，诗的实力上又添了一（　　）生力军，诗的声势更加扩大了。

——闻一多《诗的格律》

14. 寻梦？撑一（　　）长篙，向青草更青处漫溯，满载一（　　）星辉，在星辉斑斓里放歌。

——徐志摩《再别康桥》

# 第一节 认识形容词

## ★ 形容词的概念

形容词是词类的一种，表示人或事物的性质或状态，主要作用是描写或修饰名词、代词，常做定语，也可以做状语或补语。

## ★ 形容词的分类

形容词主要分为性质形容词和状态形容词两大类。

性质形容词表示人或事物的性质、属性，如“美丽”“聪明”“善良”“大”“小”等。这类形容词通常可以受程度副词修饰，如“很美丽”“太小”。

状态形容词表示人或事物的状态、情状，如“雪白”“火热”“笔直”“茫茫”等。这类形容词因为本身已经表示特定的状态或程度，所以通常不能受程度副词修饰。

## ★ 形容词的注意事项

1. 使用形容词能够更加生动形象地描绘人或事物的特点，但也要注意合理、恰当地使用形容词。在使用过程中，一方面要注意对象莫用错，如“秀气”“俊俏”等用来形容人的外貌，“精美”“华丽”等用来形容物品的情状；另一方面要注意形容词的感情色彩，如“诚实”“谦虚”是褒义词，“狡猾”“傲慢”是贬义词，“平静”“普通”是中性词。

2. 有些性质形容词可以重叠，在形式上，主要表现为 AA 式（如“深深”）和 AABB 式（如“马马虎虎”），重叠后不能受程度副词修饰，因为重叠就表示程度加深了。

# 第二节 专项突破：形容词的恰当应用

## 一 形容人物外形与外貌。

1. 下面不适用于形容孩子的一项是（　　）。

A. 乖巧　B. 慈祥　C. 天真　D. 可爱

2. 下面不适用于形容眼睛的一项是（　　）。

A. 灵动　B. 明亮　C. 清澈　D. 柔软

3. 下面不适用于形容皮肤的一项是（　　）。

A. 斑驳　B. 粗糙　C. 白皙　D. 娇嫩

## 二 形容人物神态与心理。

1. 下面不适用于形容心情喜悦的一项是（　　）。

A. 惊讶　B. 高兴　C. 欢乐　D. 愉快

2. 下面不适用于形容心情悲伤的一项是（　　）。

A. 伤心　B. 悲痛　C. 哀伤　D. 慌张

3. 下面不适用于形容紧张的一项是（　　）。

A. 恐惧　B. 焦虑　C. 忐忑　D. 紧绷绷

## 三 形容衣食住行。

1. 下面不适用于形容裙子的一项是（　　）。

A. 笔挺　B. 飘逸　C. 鲜艳　D. 淡雅

2. 下面不适用于形容穿着的一项是（　　）。

A. 时尚　B. 体贴　C. 整洁　D. 得体

3. 将下面的形容词按要求分类，分别填在横线上。

| | | | | | |
|---|---|---|---|---|---|
| 可口 | 清淡 | 快捷 | 温馨 | 节能 | 便利 |
| 雅致 | 鲜美 | 高效 | 酥脆 | 平稳 | 爽口 |

形容食物：________________

形容房屋：________________

形容交通工具：________________

## 四 形容自然景物。

1. 下面不适用于形容大海的一项是（　　）。

A. 蔚蓝　B. 浩瀚　C. 湍急　D. 平静

2. 下面不适用于形容风景的一项是（　　）。

A. 壮丽　B. 温柔　C. 雄奇　D. 秀美

3. 下面不适用于形容雪景的一项是（　　）。

A. 洁白　B. 茫茫　C. 皑皑　D. 苍翠

4. 将下面的形容词按要求分类，分别填在横线上。

溶溶　明媚　寂静　漆黑　万紫千红　皎洁
宁静　柔和　融融　明亮　静谧　欣欣向荣
生机勃勃　幽暗　朦胧　盎然　漫长　清丽

形容夜晚：________________

形容月色：________________

形容春天：________________

## 五 形容动植物。

1. 下面不适用于形容草的一项是（　　）。

A. 翠绿　B. 青青　C. 笔直　D. 枯黄

2. 下面不适用于形容苹果的一项是（　　）。

A. 香甜　B. 酸甜　C. 多汁　D. 辛辣

3. 下面不适用于形容蜜蜂的一项是（　　）。

A. 懒惰　B. 勤劳　C. 无私　D. 忙碌

4. 将下面的形容词按要求分类，分别填在横线上。

婉转　茂密　瘦弱　葱茏　名贵　清脆
温驯　幽深　悦耳　烈性　呢喃　葱郁
高大　茂盛　强壮　苍翠　动听　聒噪

形容鸟鸣：________________

形容树林：________________

形容马匹：________________

## 六 形容人文建筑。

1. 下面不适用于形容故宫的一项是（　　）。

A. 古老　B. 狭小　C. 金碧辉煌　D. 威严

2. 下面不适用于形容城市的一项是（　　）。

A. 激动　B. 繁华　C. 陌生　D. 喧闹

3. 下面不适用于形容道路的一项是（　　）。

A. 蜿蜒　B. 笔直　C. 朦胧　D. 宽阔

4. 将下面的形容词按要求分类，分别填在横线上。

| | | | | |
|---|---|---|---|---|
| 雄伟 | 透亮 | 整洁 | 明亮 | 壮观 |
| 有序 | 神秘 | 辉煌 | 巍峨 | 欢乐 |
| 热闹 | 庄严 | 宏大 | 和谐 | 明净 |

形容宫殿：______________________________

形容窗户：______________________________

形容校园：______________________________

# 第三节 专项突破：形容词的搭配

## 一 选择最恰当的搭配连线。

| | |
|---|---|
| 五大三粗的 | 姑娘 |
| 不苟言笑的 | 老奶奶 |
| 美丽动人的 | 法官 |
| 慈祥和蔼的 | 汉子 |
| 彬彬有礼的 | 外交官 |

## 二 选择恰当的词语填在括号中。

崇高　高尚　高雅

1. 他舍己救人的精神太（　　）了。
2. 交响乐是一门（　　）的艺术。
3. 大家向英雄致以最（　　）的敬意。

悲观　悲愤　悲痛

4. 鲁迅的《纪念刘和珍君》一文，表达了他因爱国学生遇害而无比（　　）的心情。
5. 如果抱着消极（　　）的念头，干什么事情都不会成功的。
6. 小明最爱的爷爷去世了，他感到十分（　　）。

丰沛　丰富　丰硕

7. 今年因为雨水（　　），庄稼长得格外喜人。
8. 秋天到了，山上的果树结满了（　　）的果实。
9. 我们能够从实践中获得（　　）的知识。

## 三 找出下面搭配不当的短语，并填在括号中。

1. 冷酷的杀手　无情的刺客　僵直的声音　温暖的笑容　（　　）
2. 蜿蜒的山路　修长的手指　袅袅炊烟　柔韧的钻头　（　　）
3. 清澈的河水　五彩斑斓的生活　顽固的石头　古老的国家　（　　）
4. 拥挤的思想　紧急事件　美好的幻想　嫩绿的垂柳　（　　）

## 四 按要求选择正确的一项填在括号中。

1. 不能用“蔚蓝”来形容的是（　　）。

A. 大海　　B. 草原　　C. 天空　　D. 眼睛

2. 不能形容“李白”的是（　　）。

A. 浪漫　　B. 博学多才　　C. 鲁莽　　D. 豪放

3. 不能用“孤独”来形容的是（　　）。

A. 身影　　B. 生活　　C. 感觉　　D. 人潮

4. 不能形容“电影”的是（　　）。

A. 无聊　　B. 宏伟　　C. 有趣　　D. 感人

# 第四节 专项突破：近义形容词和反义形容词

## 一 近义形容词。

**1.** 将方框中的词语填在括号中，使之与前面的词语构成一对近义词。

洒脱 冷静 寂静 潮湿 简单 马虎

湿润——（ ） 潇洒——（ ） 粗心——（ ）

宁静——（ ） 沉着——（ ） 容易——（ ）

宏伟 安稳 廉价 奇妙 普通 婀娜

平凡——（ ） 安定——（ ） 便宜——（ ）

神奇——（ ） 雄伟——（ ） 袅娜——（ ）

**2.** 写出下面形容词的近义词。

悲伤——（ ） 严寒——（ ） 艰难——（ ）

高兴——（ ） 聪颖——（ ） 恐惧——（ ）

## 二 反义形容词。

**1.** 将方框中的词语填在括号中，使之与前面的词语构成一对反义词。

热闹 舒服 仔细 喜悦 弯曲 幸福

冷清——（ ） 悲惨——（ ） 马虎——（ ）

笔直——（ ） 难受——（ ） 忧伤——（ ）

**2.** 按要求从方框中选择合适的词语填在横线上。

可爱 丑陋 英勇 俊俏 紧俏 难看 俊秀 卑鄙

“英俊”的近义词是：________________

“英俊”的反义词是：________________

模糊 凛冽 清晰 干净 朦胧 透彻 白净 明了 严峻 含糊

“清楚”的近义词是：________________

“清楚”的反义词是：________________

**3.** 写出下面形容词的反义词。

顽皮——（ ） 吵闹——（ ） 美丽——（ ）

勤劳——（ ） 寒冷——（ ） 骄傲——（ ）

# 第五节 专项突破：形容词的感情色彩

## 一 褒义形容词。

1. 找出每组词语中含有褒义色彩的形容词，并填在括号中。

狠毒　温柔　憋屈　光亮　（　　）

丑陋　平静　懒惰　雄伟　（　　）

诚恳　淡漠　阴险　伪善　（　　）

2. 下面的词语中，全是褒义词的是（　　）。

A. 忠诚　淳朴　善良　牢靠　甜美

B. 出色　认真　单纯　邪恶　斐然

C. 坚固　果敢　非凡　无邪　自大

D. 固执　慈祥　亲切　伟岸　磊落

3. 下面的词语中，**不全是**褒义词的是（　　）。

A. 昂扬　俊美　勤勉　正义　踏实

B. 团结　公平　精确　可贵　完备

C. 文雅　猖狂　尴尬　仔细　狠毒

D. 诚挚　杰出　卓越　高尚　纯良

## 二 贬义形容词。

1. 找出每组词语中含有贬义色彩的形容词，并填在括号中。

机敏　谦虚　伟岸　恶劣　（　　）

卓越　龌龊　谨慎　真挚　（　　）

勇武　正直　懦弱　周到　（　　）

2. 下面的词语中，全是贬义词的是（　　）。

A. 狠毒　虚夸　卑鄙　空虚　固执

B. 毒辣　正常　娇气　孝顺　呆板

C. 脆弱　吝啬　贤惠　野蛮　迟钝

D. 阴暗　辛苦　土气　贫贱　平庸

3. 下面的词语中，全是贬义词的是（　　）。

A. 畸形　糟糕　阴险　袅娜　可耻

B. 浅薄　柔美　下作　野蛮　冷漠

C. 可耻　顽固　蛮横　可恶　轻佻

D. 妩媚　无耻　卑微　空洞　自负

## 三 中性形容词。

1. 找出每组词语中含有中性色彩的形容词，并填在括号中。

非凡　可爱　淡定　高贵　（　　）

阴险　野蛮　微小　文雅　（　　）

优美　雄奇　广泛　奋勇　（　　）

2. 下面的词语中，不含褒贬色彩的是（　　）。

A. 快乐　碧绿　枯黄　寂静　特殊

B. 卑劣　懒散　悦耳　斑白　斑斓

C. 哀伤　安静　高傲　广博　拗口

D. 安分　安乐　安全　肮脏　昂扬

# 第六节 专项突破：重叠式形容词

## 一 将方框中 AA 式形容词按要求填在括号中，每个词只能用一次。

| | | | | | | | |
|---|---|---|---|---|---|---|---|
| 皑皑 | 柔柔 | 汩汩 | 点点 | 炎炎 | 融融 | 绵绵 | 潺潺 |
| 凛凛 | 隆隆 | 熠熠 | 瑟瑟 | 勃勃 | 粼粼 | 滔滔 | 茫茫 |

1. 形容季节：生机（　　）、春光（　　）、秋风（　　）、（　　）盛夏
2. 形容自然光：月色（　　）、波光（　　）、（　　）星辉、（　　）星光
3. 形容流水：(　　）大海、(　　）小溪、(　　）泉水、巨浪（　　）
4. 形容天气：(　　）白雪、(　　）细雨、寒风（　　）、雷声（　　）

## 二 按要求补全 AABB 式形容词。

| | | | | | | | |
|---|---|---|---|---|---|---|---|
| 熙熙 | 葱葱 | 庸庸 | 业业 | 静静 | 扭扭 | 散散 | 清清 |
| 草草 | 整整 | 真真 | 闹闹 | 麻麻 | 苍苍 | 郁郁 | 密密 |

1. 形容森林：郁郁（　　）、莽莽（　　）、蓊蓊（　　）、（　　）层层
2. 形容人：兢兢（　　）、认认（　　）、懒懒（　　）、（　　）碌碌
3. 形容气氛：冷冷（　　）、热热（　　）、（　　）攘攘、安安（　　）
4. 形容字迹：工工（　　）、歪歪（　　）、潦潦（　　）、密密（　　）

## 三 你知道下面这些诗句是如何使用重叠式形容词的吗？请把答案填在括号中。

| | | | | | | |
|---|---|---|---|---|---|---|
| 盈盈 | 密密 | 依依 | 曈曈 | 迟迟 | 脉脉 | 霏霏 |

1. 千门万户（　　）日，总把新桃换旧符。

——［宋］王安石《元日》

2. （　　）一水间，（　　）不得语。

——［汉］佚名《古诗十九首·迢迢牵牛星》

3. 临行（　　）缝，意恐（　　）归。

——［唐］孟郊《游子吟》

4. 昔我往矣，杨柳（　　）。今我来思，雨雪（　　）。

——［先秦］佚名《诗经·采薇》

四 用方框中的字将下面的 ABB 式形容词补充完整，方框中的字可以重复使用。

| 清 | 亮 | 蓝 | 灰 | 阴 | 金 | 绿 | 白 | 黄 | 红 | 黑 |
|---|---|---|---|---|---|---|---|---|---|---|

(　　)彤彤　(　　)灿灿　(　　)油油　(　　)澄澄

(　　)花花　(　　)漆漆　(　　)扑扑　(　　)蒙蒙

(　　)森森　(　　)晶晶　(　　)凌凌　(　　)莹莹

# 第七节 综合提升

## 一 按要求将正确的答案填在括号中。

**1.** 下面每组词语中只有一个是形容词，请将它找出来并填在括号中。

（1）阿姨　呆板　哀求　喜爱（　　）

（2）矮小　谩骂　山路　秋千（　　）

（3）东方　希望　安全　爱好（　　）

（4）面具　加强　家庭　寂寞（　　）

（5）炎热　太阳　游泳　排列（　　）

（6）誓言　实验　生硬　生命（　　）

（7）运动　灾难　春光　神奇（　　）

**2.** 下面每组词语中只有一个不是形容词，请将它找出来并填在括号中。

（1）流畅　平静　平凡　名字（　　）

（2）坦荡　任务　任性　贪婪（　　）

（3）严寒　严厉　燃烧　澎湃（　　）

（4）批评　懒惰　仁慈　高大（　　）

（5）邋遢　浪潮　谨慎　紧张（　　）

**3.** 找出下面每组词语中的形容词，并将其序号填在括号中。（可多选）

（1）A. 东风　B. 草船　C. 神秘　D. 按照　E. 尺寸　F. 虽然　G. 疤痕　H. 昂扬（　　）

（2）A. 榜样　B. 斑斓　C. 斑驳　D. 扮演　E. 包子　F. 包围　G. 保持　H. 饱满（　　）

（3）A. 必定　B. 保存　C. 笔挺　D. 比赛　E. 新颖　F. 安抚　G. 帮助　H. 抱歉（　　）

（4）A. 杯子　B. 暴露　C. 背叛　D. 悲惨　E. 沉寂　F. 趁机　G. 沉积　H. 心情（　　）

**4.** 判断下面的词语是不是形容词。是形容词的画“√”，不是形容词的画“×”。

美好（　　）　很（　　）　大象（　　）　刺激（　　）

可爱（　　）　描写（　　）　饱满（　　）　酷炫（　　）

苦恼（　　）　苦笑（　　）　夸奖（　　）　酷暑（　　）

苦行僧（　　）　可贵（　　）　痛苦（　　）　浮夸（　　）

5. 找出每组中不是形容词的词语，并把它圈出来。

（1）勤快　勤劳　勤奋　勤俭　勤勉　勤杂　勤恳

（2）劳动　劳碌　劳苦　劳乏　劳顿　疲劳　辛劳

（3）强大　强悍　强调　强劲　强烈　强固　强盛

（4）急迫　急切　急剧　急匆匆　急速　急救　急躁

**二 下文是选自叶圣陶《画眉》中的一个片段，请你从方框中选择恰当的词语填在括号中，使短文通顺，意思完整。**

饱　讲究　干净　舒服　顺溜　油光光

那画眉，全身的羽毛（　　　　）的，一根不缺，也没一根不（　　　　）。这是因为它吃得（　　　　），每天还要洗两回澡。它（　　　　）极了，每逢吃（　　　　）了，洗（　　　　）了，就在笼子里跳来跳去。

**三 下文是选自朱自清《荷塘月色》中的一个片段，作者使用了很多让人拍案叫绝的形容词，你能根据文章的逻辑，从方框中选择恰当的词语填空吗？**

羞涩　密密　渺茫　曲曲折折　亭亭　脉脉

（　　　　）的荷塘上面，弥望的是田田的叶子。叶子出水很高，像（　　　　）的舞女的裙。层层的叶子中间，零星地点缀着些白花，有袅娜地开着的，有（　　　　）地打着朵儿的；正如一粒粒的明珠，又如碧天里的星星，又如刚出浴的美人。微风过处，送来缕缕清香，仿佛远处高楼上（　　　　）的歌声似的。这时候叶子与花也有一丝的颤动，像闪电般，霎时传过荷塘的那边去了。叶子本是肩并肩（　　　　）地挨着，这便宛然有了一道凝碧的波痕。叶子底下是（　　　　）的流水，遮住了，不能见一些颜色；而叶子却更见风致了。

**四 找出每组中形容词使用不恰当的短语，将其序号填在括号中。**

1. A. 颓废的篱墙　B. 愤怒的情绪　C. 模糊的字迹　D. 明媚的阳光　（　　）

2. A. 进步的思想　B. 艰难的生活　C. 艰巨的时代　D. 丰富的经验　（　　）

3. A. 呼啸的北风　B. 美满的生活　C. 特殊的材料　D. 密封的调查　（　　）

## 五 找出下面句子中使用不当的形容词，并从方框中选择恰当的形容词填在括号中。

堵心　流畅　剧烈　特殊　严密　良好　感动　吞吞吐吐

1. 食品被封装得很周密。（　　）
2. 他带球过人的动作显得很舒畅。（　　）
3. 你有话就直说，别含情脉脉的。（　　）
4. 看到战士舍身救人的英勇行为，群众深受鼓舞。（　　）
5. 从小养成优异的生活习惯，对人的一生非常重要。（　　）
6. 骆驼的鼻子结构新颖，鼻孔能开能闭。（　　）
7. 饭后不宜做热烈运动。（　　）
8. 努力了却没成功，我想起这事就觉得很繁重。（　　）

# 第一节 认识关联词语

## 关联词语的概念

关联词语是指能在复句中连接分句并表明分句之间关系的连词、副词和短语。

## 关联词语的作用

关联词语能够将两个或两个以上意义相关、结构独立的分句连接起来构成复句，有“穿针引线”的作用。能在复句中起关联作用的主要有以下几类词语：

1. 连词。连词是关联词语中的主要词类，但并非所有的连词都能充当关联词语。有的连词不能连接分句，所以不能做关联词语，如“和”“或”等；有的连词能连接分句，但如果在句中连接的是不同的词语而不是句子，那此时它也不是关联词语，如“小而全”中的“而”，“同意并拥护”中的“并”。

2. 副词。某些副词可以充当关联词语，这时的副词仍旧保留原有的修饰作用。

3. 短语。有些短语也可以充当关联词语，如“一方面”“另一方面”等。

## 关联词语的分类

关联词语主要分为八大类：表示并列关系的关联词语、表示递进关系的关联词语、表示承接关系的关联词语、表示选择关系的关联词语、表示转折关系的关联词语、表示条件关系的关联词语、表示假设关系的关联词语、表示因果关系的关联词语。

表 3–1　关联词语的分类

| 分类 | 概念及示例 | 常用的关联词语 |
| --- | --- | --- |
| 表示并列关系的关联词语 | 将有关联的事件或同一事件的不同方面连接在一起的词语。<br>◆ 我一边看说明书，一边做手工。<br>◆ 这个桌子是用陶板做的，不是用实木做的。 | 有的……有的……<br>有时候……有时候……<br>一边 / 一面……一边 / 一面……<br>一方面……一方面……<br>既……又 / 也……<br>是……不是……<br>不是……而是…… |

续表

| 分类 | 概念及示例 | 常用的关联词语 |
|---|---|---|
| | | ……也……<br>……又……<br>……同时…… |
| 表示递进关系的关联词语 | 使两个或两个以上的分句按意思层层推进的词语。<br>◆ 他不仅学习好，还乐于助人。<br>◆ 这件衣服不但质量好，而且价格也很便宜。 | 不仅 / 不但 / 不光……还 / 也 / 又 / 更 / 而且 / 并且……<br>尚且……何况……<br>不但 / 不仅……反而……<br>……而且 / 并且……<br>……况且……<br>……甚至……<br>……何况…… |
| 表示承接关系的关联词语 | 使各分句叙述的事件有先后关系的词语。<br>◆ 我先打开盒子，然后把里面的东西拿了出来。<br>◆ 他一听到铃声就跑出了教室。 | 先……再……<br>首先……然后 / 其次……<br>起初……后来……<br>先……然后……接着……最后……<br>一……就……<br>……于是……<br>……就 / 便…… |
| 表示选择关系的关联词语 | 将表示不同情况或可供选择的分句连接起来的词语。<br>◆ 你要么写作业，要么看书。<br>◆ 周末，爸爸妈妈不是带我去科技馆，就是带我去博物馆。 | （或者……）或者……<br>要么……要么……<br>不是……就是……<br>（是……）还是……<br>与其……不如……<br>宁可 / 宁愿……也不…… |
| 表示转折关系的关联词语 | 将意思相反或相对的分句连接起来的词语。<br>◆ 虽然立秋了，但是天气依然很热。<br>◆ 这本书很有名，可是我不喜欢它。 | 虽然 / 固然 / 尽管……但是 / 可是 / 却……<br>……却……<br>……然而……<br>……可是 / 但是 / 只是…… |

续表

| 分类 | 概念及示例 | 常用的关联词语 |
| --- | --- | --- |
| 表示条件关系的关联词语 | 将表示条件的分句和表示结果的分句连接起来的词语。<br>◆ 只要你认真完成作业，就可以得到奖励。<br>◆ 不管明天下不下雨，我都会去找你。 | 只要 / 一旦……就 / 便 / 总……<br>只有……才……<br>不管 / 无论 / 不论……都……<br>除非……才 / 否则 / 不然……<br>任凭……也 / 都…… |
| 表示假设关系的关联词语 | 将表示假设的分句和表示结果的分句连接起来的词语。<br>◆ 如果明天下雨，我就不出去玩了。<br>◆ 即使我用尽全力，也比不过他。 | 如果 / 倘若 / 要是 / 假如 / 万一……就 / 那么……<br>即使 / 就算 / 哪怕……也……<br>……的话…… |
| 表示因果关系的关联词语 | 将表示原因的分句和表示结果的分句连接起来的词语。<br>◆ 他因为生病，所以看起来很虚弱。<br>◆ 小亮之所以能取得优异的成绩，是因为他付出了极大的努力。 | （因为……）所以……<br>之所以……是因为 / 是由于……<br>由于……因此……<br>（既然 / 既……）就 / 那么……<br>……因此……<br>……以致 / 以至（于）……<br>……从而……<br>……可见…… |

# 第二节 专项突破：表示并列关系的关联词语

一 从方框中选择恰当的关联词语填在括号中，每个关联词语只能用一次。

既……也……　　不是……而是……
一边……一边……　　一方面……一方面……

1. 人（　　）因为美丽才可爱，（　　）因为可爱才美丽。
2. 不惜牺牲自由以图苟安的人（　　）不配享受自由，（　　）不配获得安全。
3. 王二小是儿童团员，他常常（　　）放牛，（　　）替八路军放哨。
4. 小明（　　）刻苦学习，（　　）积极锻炼身体。

既……又……　　不是……而是……
也……也……　　一面……一面……

5. 秋天（　　）人生易老的象征，（　　）繁荣昌盛的标志。
6. 妈妈（　　）笑着，（　　）把客人迎进门。
7. 去（　　）可以，不去（　　）可以，我们必须做出决定。
8. 玫瑰花（　　）能提炼出精油，（　　）能做成鲜花饼。

也……也……　　不是……而是……
……也……　　既……也……

9. 父母是我们的启蒙老师，（　　）是我们的朋友。
10. 小朋友们（　　）在诵读，（　　）在歌唱。
11. 我们（　　）要继承中华优秀传统文化，（　　）要将它发扬光大。
12. 你们来（　　）可以，不来（　　）可以，总得给我个信儿。

二 在正确使用关联词语的句子后面画“√”；在未正确使用关联词语的句子后面画“×”，并修改原句。

1. 我们一边吃饭，一边聊最近的工作计划。（　　）

______________________________

2. 父母一面把孩子看得紧紧的，一面又要他独立自主，这是不可能的。（　　）

______________________________

3. 他一边检讨自己的错误，一边观察大家的脸色。（　　）

______________________________

4. 他听着音乐，一边写着作业。（　　）

______________________________

5. 乘坐高铁出行又准时准点，也安全快捷。（　　）

______________________________

6. 你又不让我出去，又不肯说为什么，真是急死我了。（　　）

______________________________

7. 他又当爸又当妈，含辛茹苦地把孩子拉扯大。（　　）

______________________________

8. 妈妈又得上班，要辅导我的功课，真是太辛苦了。（　　）

______________________________

# 第三节 专项突破：表示递进关系的关联词语

一 从方框中选择恰当的关联词语填在括号中，每个关联词语只能用一次。

尚且……何况…… ……甚至……
不但……还…… ……何况……

1. 蝼蚁（　　）贪生，（　　）是人？
2. 发火（　　）解决不了问题，（　　）会让情况变得更糟。
3. 即便是圣贤也会犯错，（　　）普通人？重要的是知错能改。
4. 蜜獾，人送绰号“平头哥”，胆子特别大，（　　）比它体格大的猛兽，它都敢挑战一下。

不但……并且…… ……反而……
尚且……何况…… ……更……

5. 科学证明，人类吃野生动物不会获得更多营养，（　　）有可能感染上疾病。
6. 这篇文章（　　）语言优美，（　　）立意深远。
7. 狂风暴雨中，粗壮的树木（　　）都被刮倒，更（　　）是娇嫩的花朵？
8. 良好的卫生习惯有助于当前的健康，（　　）能为未来的幸福生活打下坚实的基础。

不但……反而…… ……并……
不但……而且…… ……况且……

9. 这首现代诗歌，（　　）歌颂了农民的勤劳、勇敢，（　　）写出了农村儿童的机灵、可爱。
10. 对于大家的批评，他（　　）没有生气，（　　）欣然接受了。
11. 他已经尽力了，（　　）题目那么难，做不出来是很正常的。
12. 校长在全校大会上表扬了几位见义勇为的同学，（　　）号召大家向他们学习。

……并且…… ……反而……

13. 勇于尝试的人生比无所事事的人生更荣耀，（　　）更有意义。
14. 面对困难，他不但没有退缩，（　　）迎难而上。

二 在正确使用关联词语的句子后面画“√”；在未正确使用关联词语的句子后面画“×”，并修改原句。

1. 他不但会唱歌，而会跳舞。（ ）

______

2. 父母照顾孩子，不仅是因为责任，还是因为爱。（ ）

______

3. 虎鲸凶猛好斗，连大白鲨都敢袭击，而且其他鱼类?（ ）

______

4. 鹅不仅可以发出响亮的叫声，拥有优雅的体态，还能够看家护院。（ ）

______

5. 中国梦不仅属于中国，也属于世界。（ ）

______

6. 这种水果不但维生素含量多，营养价值高。（ ）

______

7. 这个囚犯不但没有悔改，出狱后因此再次作案。（ ）

______

# 第四节 专项突破：表示承接关系的关联词语

## 一 从方框中选择恰当的关联词语填在括号中，每个关联词语只能用一次。

起初……后来……　　一……就……　　首先……然后……

1. 他（　　）结束表演，（　　）获得了观众的热烈掌声。
2. （　　）他只是打算短暂地停留，（　　）就一直没有离开。
3. 作为老师，我们（　　）要教会学生怎样做人，（　　）再教给他们知识与技能。

……于是……　　……接着……
……便……　　……再……

4. 花园里的花开了之后，（　　）吸引来了一群蝴蝶。
5. 我们要制订好计划（　　）开始行动。
6. 妈妈拿着勺子在锅里搅拌了一下，（　　）盛了一碗放在桌子上。
7. 小美考试得了 100 分，（　　）爸爸给她买了一个玩具娃娃作为奖励。

……接着……　　……最后……
起初……后来……　　一……就……

8. （　　）到中午（　　）热得像在火上烤着似的。
9. 忽然狂风大作，沙尘眯目，先是些沙砾打在他脸上，（　　）那强劲的寒风又吹得他站立不稳。
10. 纸牌的发明（　　）是为了谋利，（　　）才用于娱乐。
11. 她一直在寻找那份丢失的文件，（　　）在办公桌的抽屉深处找到了。

## 二 在正确使用关联词语的句子后面画“√”；在未正确使用关联词语的句子后面画“×”，并修改原句。

1. 他先是狂喜，然后接着不安起来。（　　）

______________________________

2. 我每天放学回到家，先写作业，看电视。（　　）

______________________________

3. 这首歌太悲伤了，不仅听到前奏我就忍不住掉眼泪。（　　）

______________________________

4. 很快天空乌云密布，一阵风过后，就下起雨来。（　　）

______________________________

5. 去大礼堂要先沿着这条路直走，然后左拐。（　　）

______________________________

6. 我刚想给你打电话，你就打过来了。（　　）

______________________________

# 第五节 专项突破：表示选择关系的关联词语

**一 从方框中选择恰当的关联词语填在括号中，每个关联词语只能用一次。**

宁愿……也不……　　宁可……也要……

或者……或者……　　与其……不如……

1. 我（　　）靠自己的力量打开我的前途，（　　）愿求有力者垂青。
2. 我这个假期（　　）去北京玩，（　　）去上海玩。
3. 这天气（　　）说是暖和，（　　）说是闷热。
4. 她（　　）一夜不睡觉，（　　）把论文写出来。

不是……就是……　　与其……不如……

宁愿……也不……　　要么……要么……

5. （　　）逃避这些问题，（　　）笑着面对它们。
6. 奶奶的晚年生活很丰富，每天（　　）去跳广场舞，（　　）参加老年合唱团。
7. 邱少云为了不暴露阵地和战友，（　　）被烈火活活烧死，（　　）挪动一下身体。
8. 你（　　）去练琴，（　　）去读书，别总在这儿看电视。

是……还是……　　宁可……也不……

与其……不如……　　宁可……也要……

9. 她（　　）自己受伤，（　　）愿让怀中的孩子受到一丝伤害。
10. （　　）用华丽的外衣装饰自己，（　　）用知识武装自己。
11. （　　）你自己骑车去上学，（　　）让爸爸开车送你去，你自己选择吧。
12. （　　）进度慢一点儿，（　　）保证质量。

**二 在正确使用关联词语的句子后面画“√”；在未正确使用关联词语的句子后面画“×”，并修改原句。**

1. 与其扬汤止沸，不如釜底抽薪。（　　）

______________________________

2. 你是相信他们的片面之词，要么相信我找到的证据？（　　）

______________________________

3. 这几年天公不作美，发洪水，就是干旱。 (　　)

______________________________________________

4. 与其囫囵吞枣地读十本诗集，不如认真读一遍《唐诗三百首》。 (　　)

______________________________________________

5. 他总是丢三落四的，要么忘了带作业本，要么忘了戴红领巾。 (　　)

______________________________________________

6. 我们与其在这里等车，不如慢慢走过去。 (　　)

______________________________________________

7. 他宁愿把房子卖了，也要给孩子治病。 (　　)

______________________________________________

# 第六节 专项突破：表示转折关系的关联词语

## 一 从方框中选择恰当的关联词语填在括号中，每个关联词语只能用一次。

……却……　　……但是……

1. 丢失的物品或许可以找回，（　　）失去的时间却一去不复返。
2. 他工作十分忙碌，（　　）依然想办法抽出时间回家看望父母。

虽然……却……　　固然……可是……

3. 苦瓜（　　）有些苦，（　　）有清热解暑的功效。
4. 学习（　　）重要，（　　）你也要保重身体。

尽管……还是……　　虽然……然而……

5. 奶奶的话（　　）很朴实，（　　）其中的道理却很深刻。
6. （　　）你们都不相信他，我（　　）愿意再相信他一次。

## 二 在正确使用关联词语的句子后面画“√”；在未正确使用关联词语的句子后面画“×”，并修改原句。

1. 他体验到的是生活的艰苦，表现出的却是坚强与乐观。（　　）

______

2. 这件衣服看着很普通，却价格很高。（　　）

______

3. 虽然每个人都渴望胜利，却第一名只有一个。（　　）

______

4. 你和时间开玩笑，它却对你很认真。（　　）

______

5. 虽然我看了好半天，不少地方搞不懂。（　　）

______

6. 尽管他用尽了办法，但那株玉兰还是没有养活。（　　）

______

7. 不是我们的距离很远，但是我们的心挨得很近。（　　）

______

# 第七节 专项突破：表示条件关系的关联词语

## 一 从方框中选择恰当的关联词语填在括号中，每个关联词语只能用一次。

任凭……也…… 只要……就……
除非……否则…… 只有……才……

1. (　　) 在夏天，这种花 (　　) 会开放。
2. (　　) 你认真复习，(　　) 很难通过这次考试。
3. 凡事 (　　) 看得淡些，(　　) 没有什么可忧虑的。
4. (　　) 什么苦难 (　　) 动摇不了我们的决心。

一旦……便…… 只有……才……
不管……都…… ……要不然……

5. 你 (　　) 放弃了你的理想，(　　) 会后悔一辈子。
6. (　　) 成功还是失败，我们 (　　) 支持你。
7. 明天可能会下暴雨，(　　) 我们还是别出门了。
8. 他 (　　) 将事实说出来，(　　) 能洗脱嫌疑。

只有……才…… 无论……都……
除非……不然…… 只要……总……

9. (　　) 从事体力劳动还是脑力劳动，(　　) 是在为社会创造财富。
10. 时间就像海绵里的水，(　　) 愿意挤，(　　) 还是有的。
11. (　　) 用心去感受，(　　) 能体会到这部电影真正的含义。
12. (　　) 我们坐飞机去，(　　) 无法在规定时间内到达。

## 二 在正确使用关联词语的句子后面画“√”；在未正确使用关联词语的句子后面画“×”，并修改原句。

1. 目前只有查清楚真相，就能还他清白。 (　　)

______________________________________

2. 不管遇到多少困难，小鲤鱼才坚持了下来，最终跃过了龙门。 (　　)

______________________________________

3. 除非将豆角彻底煮熟，否则就可能引起食物中毒。（　　）

______________________________

4. 只要遇到危险，河豚就会吸气膨胀，鼓成球形。（　　）

______________________________

5. 只有饲养员拿着食盆出现，鸡场里的鸡就会聚集过来。（　　）

______________________________

6. 只要我们有火种，就能驱赶严寒，带来光明和温暖。（　　）

______________________________

7. 只要把问题产生的原因分析透彻，这个问题才能真正得到解决。（　　）

______________________________

# 第八节 专项突破：表示假设关系的关联词语

## 一 从方框中选择恰当的关联词语填在括号中，每个关联词语只能用一次。

要是……就…… 要是……那……

1. (　　)没有绿叶的衬托，花儿(　　)少了几分颜色。
2. (　　)没有那场及时雨，(　　)农民伯伯将会颗粒无收。

哪怕……也…… 假如……那么……

3. (　　)人生是一幅画，(　　)童年就是画上最亮丽的色彩。
4. 金子(　　)被埋起来，早晚(　　)会发光的。

要是……那么…… 就算……也…… 如果……便……

5. (　　)这个办法不行，(　　)我们再想别的办法。
6. (　　)你不想失败，(　　)不要轻言放弃。
7. (　　)你不相信我，(　　)要相信他吧。

## 二 在正确使用关联词语的句子后面画"√"；在未正确使用关联词语的句子后面画"×"，并修改原句。

1. 倘若一篇作文跑题了，即使文笔再好，拿不到多少分。(　　)

______________________________

2. 只是到了冬天，公园里的松柏也是碧绿的。(　　)

______________________________

3. 如果气温没有突然下降的话，这株菊花还能多活几天。(　　)

______________________________

4. 如果没有这些粮食，就不能维持这么多人一年的生活。(　　)

______________________________

5. 只有有来生，我仍愿做中国人。(　　)

______________________________

6. 如果食物过了保质期，就不要吃了。(　　)

______________________________

7. 就算陌生人声称自己是你父母的朋友，你也不要轻信他的话。(　　)

______________________________

# 第九节 专项突破：表示因果关系的关联词语

## 一 从方框中选择恰当的关联词语填在括号中。

由于……因此……　　之所以……是因为……

既然……就……　　既……就……

1.（　　）冰的密度比水小，（　　）冰块能浮在水面上。

2.（　　）你已经痊愈了，（　　）该去上学了。

3. 他（　　）从不悲伤，（　　）一直保持着乐观豁达的心态。

4. 问题（　　）已产生，我们（　　）要想办法解决，而不是埋怨。

因为……　　既然……　　……所以……　　……可见……

5. 他经常锻炼身体，（　　）很少生病。

6. 他给我打了好几次电话，（　　）情况十分紧急。

7. 他（　　）知错了，你应该给他一个改过自新的机会。

8.（　　）有绿叶的衬托，花儿才显得特别鲜艳。

由于……　　……因此……　　既……　　……是由于……

9. 蜗牛遇到危险的时候能把整个身体拉入壳内，（　　）它有着强有力的肌肉。

10. 梅花不畏严寒，凌寒盛开，（　　）高洁志士常以梅花自比。

11.（　　）他明确了学习目的，端正了学习态度，学习成绩提高得很快。

12. 你（　　）已做出了承诺，便应全力以赴。

## 二 在正确使用关联词语的句子后面画“√”；在未正确使用关联词语的句子后面画“×”，并修改原句。

1. 由于困难太多，项目被迫停止了。（　　）

______________________________

2. 他学习成绩优异，品行端正，积极参加各种体育活动，因此被评为了“三好学生”。（　　）

______________________________

3. 因为狗的汗腺很少，无法通过出汗来降低体温，所以狗非常怕热。（　　）

______________________________

4. 之所以海水温度不断升高，破坏了企鹅的生存环境，是因为企鹅的数量急剧减少。（　　）

______________________________

5. 由于感冒，他受凉了。（　　）

______________________________

6. 因而出现了蛀牙，他总是不好好刷牙。（　　）

______________________________

7. 金丝猴之所以鼻孔大，上翘，是因为要适应高原缺氧的环境。（　　）

______________________________

# 第十节 综合提升

## 一 圈出下面句子中成组使用的关联词语。

1. 只要勤劳肯干，就有希望致富。
2. 人工智能不仅革新了信息的呈现方式，也推动了媒体融合的发展。
3. 我们合唱团不但获得了校际比赛的冠军，还准备参加即将在暑假举行的世界合唱比赛。
4. 我喜欢雨，无论什么季节的雨，我都喜欢。
5. 人只要触犯法律，就要受到法律的制裁。
6. 地球不仅有冷热宜人的气温变化，而且有美妙的大气层。
7. 她因为未能准时来到赛场，所以被大会取消了参赛资格。
8. 做课堂笔记是一个非常好的习惯，不仅能帮助我们理解记忆，还能促使我们积极思考。
9. 因为爸爸的工作能力很强，所以公司派他到最困难的项目组去担任负责人。
10. 飞人博尔特不但取得了奥运会多个短跑项目的冠军，还打破了多项世界纪录。
11. 每天来到天安门广场参观的不只有中国游客，还有来自世界各地的游客。
12. 老师教给孩子们的不光有知识，还有做人的道理。
13. 王老师虽然已是两鬓斑白，可是仍然有旺盛的精力。
14. 大鹅先吃一口冷饭，再喝一口水，然后到别处去吃一口泥和草。

## 二 圈出下面句子中单用的关联词语。

1. 科学漫画书《玩转量子世界》题材新颖，尚未出版时，就已经受到媒体和读者的关注。
2. 科学家做了大量精确的运算，然后得出太阳系中各个星球之间的距离。
3. 在“一带一路”建设新形势下，我们更应当不断学习，积极进取。
4. 这件事情本来就不是他的错，所以你不能责怪他。
5. 我不会原谅他犯的错误，除非他亲自上门来道歉。
6. 请为这位客人送上热毛巾，并为她准备好房间。

7. 我们登上山顶，便可俯视碧波粼粼的太湖风光。

## 三 判断下面句子中关联词语所属的类型，将正确的答案填在括号中。

并列　递进　选择　转折　条件

1. 生命可以随心而动，但不能随波逐流。（　　）
2. 这种西瓜不仅皮薄，还特别甜。（　　）
3. 这不是大家愿不愿意的问题，而是实际情况允不允许的问题。（　　）
4. 与其做错了重做，不如一开始就小心谨慎。（　　）
5. 不管谁有困难，他都会倾囊相助。（　　）

承接　选择　转折　条件　因果

6. 我没考好，妈妈不但没有责备我，反而安慰我。（　　）
7. 一有什么风吹草动，他就会被惊醒。（　　）
8. 我们要么战斗到底，要么坐以待毙，没有折中的办法。（　　）
9. 只有丢掉了烦恼，才能云淡风轻。（　　）
10. 他每天勤学苦练，因此进步很大。（　　）

假设　并列　递进　条件　转折

11. 学习不仅要用心看书，还要善于提出问题。（　　）
12. 他这样做不是为了获得表扬，而是为了证明自己的能力。（　　）
13. 只要有足够的勇气和坚韧不拔的毅力，就能排除困难，获得成功。（　　）
14. 这是一个巨大的溶洞，即使聚集上千人，也不觉得拥挤。（　　）
15. 他一下子愣住了，不过又马上镇静下来。（　　）

## 四 从方框中选择恰当的关联词语，将题目中的两句话合并成一句话，并填在下面的横线上。

不是……而是……　一面……一面……　既……又……

1. 他与敌人周旋。
他把消息传了出去。

______________________________

2. 一个王朝的灭亡，不是因为起义军多么强大。
一个王朝的灭亡，因为统治者自己失去了民心。

______________________________

3. 这项发明有重大意义，可以增加显著的经济效益。
这项发明有重大意义，可以带来良好的社会效益。

______________________________

不但……反而……　不仅……还……　尚且……何况……

4. 这种疗法没有减轻疾病带给病人的疼痛。
这种疗法增加了病人的经济负担。

______________________________

5. 游客爬山久了会感到疲惫。
挑山工还担着货物呢。

______________________________

6. 四大发明影响了中国的文化。
四大发明影响了世界的文明发展。

______________________________

一……就……　起初……后来……　首先……其次……

7. 要成为一名合格的医生，要具备高尚的医德。
要成为一名合格的医生，要具备精湛的医术。

______________________________

8. 只是蝴蝶扇动了一次翅膀。
却在别的地方引起了一场龙卷风。

______________________________

9. 护士抽完血。
护士在针眼处按上棉签。

______________________________

宁可……也不……　与其……不如……　不是……就是……

10. 树懒在吃东西。
树懒在睡觉。

______________________________

11. 被人摆布。
自己掌握命运。

______________________________

12. 赵一曼从容赴死。
赵一曼不向敌人低头。

______________________________

虽然……但是……　……只是……　固然……但是……

13. 天气越来越冷。
他每天仍旧坚持晨练。

______________________________

14. 先天的禀赋很重要。
后天的努力付出更重要。

______________________________

15. 我何尝不想去?
我没时间罢了。

______________________________

无论……都……　除非……才……　只要……就……

16. 我们走到何处。
我们不应忘记自己是中国人。

______________________________

17. 按一下启动键。
洗衣机会自动洗衣脱水。

______________________________

18. 在这里修个水库。
能解决灌溉问题。

______________________________________________

万一……就……　假如……就……　哪怕……也……

19. 为了国家的利益，牺牲自己的生命。
为了国家的利益，我毫不退缩。

______________________________________________

20. 打捞工具断了。
我们干不成了。

______________________________________________

21. 我们早早出发。
我们能避开早高峰。

______________________________________________

因为……所以……　之所以……是因为……　既然……就……

22. 你答应了别人。
你要言而有信。

______________________________________________

23. 鲸鱼不会在水里呼吸。
鲸鱼需要每隔一段时间浮出水面换气。

______________________________________________

24. 人们留下来。
这里是他们世代生活的家乡。

______________________________________________

## 五 从方框中选择恰当的关联词语填在括号中。

与其……不如……　尽管……

1.（　　）孩子们说不出，他们也能切身感受到父母的生活态度。父母（　　）用嘴向他们灌输正义良知，（　　）以身作则，这可以说是最高明的方法。

不但……而且…… ……也……

2. 我们向沙漠进军，(　　) 保护了农田，开辟了绿洲，(　　) 对交通线路 (　　) 起了防护作用。

如果……那么…… ……是因为……

3. (　　) 台风将至，要是你在海上，(　　) 几天前你就可以看到征兆了。岸上的人看不到，(　　) 他们不懂得如何观察。

无论……都…… ……还……

4. (　　) 他们走到哪里，人们 (　　) 会对盲孩子这样说：“看，你有一个多么好的影子啊！”每当听到人们这样夸赞他的影子，他总是告诉人们：“它不只是我的影子，它 (　　) 是我的朋友。”

# 第一节 认识熟语

## ★ 熟语的概念

熟语是在人们长期生活中形成的固定短语，其特点是结构上的稳定性和意义上的整体性。使用时一般不能任意改变其成分，必须从整体上来理解语义。

## ★ 熟语的作用

1. 熟语能够增强语言表达的效果，使语言更加简洁、生动、形象。

2. 熟语能够提高文章的表现力，增强说服力，体现说话者的文化修养。

## ★ 熟语的分类

熟语包含成语、谚语、格言、惯用语、歇后语等多种类型。

成语是熟语中最主要的一种，是人们长期以来习用的、简洁精辟的固定短语。成语多源自历史典故、文学作品或民间传说，其特点是言简意赅，语义丰富。从字数上看，成语一般由四个字组成。

谚语是通俗精练而又含义深刻的固定语句，大多反映人民生活和生产劳动的经验，如“人勤地不懒”“一日之计在于晨”等。

格言是含有劝诫和教育意义的固定语句，通常言简意赅，如“满招损，谦受益”“虚心使人进步，骄傲使人落后”等。

惯用语是指口语中短小定型的习惯用语，大多由三个字组成，其意义不是每个字表面意思的简单相加，而是通过比喻等修辞手法引申出来的，如“炒冷饭”比喻重复已经说过的话或做过的事，没有新的内容。

歇后语是由两个部分组成的一句话，前一部分像谜面，后一部分像谜底，如“哑巴吃黄连——有苦说不出”。

## ★ 熟语的注意事项

1. 注意熟语的读音和字形。熟语具有确定的读音和字形，必须分辨清楚，不能读错写错。

其中，读音错误通常有以下三种情况：一是误读，主要是受多音字的影响，如“着”有“zhāo”“zháo”“zhe”“zhuó”四个读音，在“歪打正着”中读“zháo”，在“吃不了，兜着走”中读“zhe”。二是错读，受形声字或形近字的影响会产生“字读半边”或“字形联想”的错误，如把“莘莘学子”的“莘（shēn）”读成“辛（xīn）”，把“暴殄天物”中的“殄（tiǎn）”读成“珍（zhēn）”等。三是惯读，主要是受方言的影响，如把“毋庸置疑”中的“毋（wú）”读成“wù”，把“尽人皆知”中的“尽（jìn）”读成“jìng”等。

字形错误往往是对熟语音、形、义的混淆而造成的，即同音字、近音字的混用，形近字的错用，因望文生义引起的误用，等等。

**2.** 弄清熟语的实际意义。有的熟语意思比较直观，可以通过对字面意思的解读来理解其含义。如“画蛇添足”的字面意思是“在画好的蛇上再添上脚”，常用来比喻做多余的事。有的熟语源于特定的历史事件或故事，因此，要弄清熟语的实际意义，就需要考察其历史背景。如“亡羊补牢”源于古代的一个故事，讲的是羊丢了之后再去修补羊圈，虽然晚了，但仍有积极意义。这个熟语的实际意义就是“出了问题之后及时采取措施补救，防止问题再次发生”。

**3.** 成语中有一种类似于叠字词语的构词方法，即在一个成语中会有两个相同的字，但它们并不是连在一起使用，而是分开使用，主要形式包括ABAC式（诚心诚意）、ABCB式（人云亦云）、ABCA式（闻所未闻）等。此外，有的ABAC式成语中往往还有另一种类似于离合词形式的构词方法，即把一个词语拆开来用，如“有模有样”中的“模样”，“难兄难弟”中的“兄弟”。

# 第二节 专项突破：成语的恰当应用

## 一 描写人物的成语。

将下面描写人物的成语按要求分类，填在下面的横线上。

| | | | | | |
|---|---|---|---|---|---|
| 美如冠玉 | 老当益壮 | 孔武有力 | 天真烂漫 | 大家闺秀 | 稚气未脱 |
| 闭月羞花 | 欢蹦乱跳 | 大腹便便 | 瘦骨嶙峋 | 鹤发童颜 | 面黄肌瘦 |
| 乳臭未干 | 形如槁木 | 肥头大耳 | 阳刚之气 | 老态龙钟 | 花容月貌 |
| 豆蔻年华 | 亭亭玉立 | 形销骨立 | 脑满肠肥 | 英俊潇洒 | 老而弥坚 |

男：______________________________

女：______________________________

老：______________________________

幼：______________________________

胖：______________________________

瘦：______________________________

## 二 描写景物的成语。

从方框中选择恰当的成语填在括号中。

| | | | | | |
|---|---|---|---|---|---|
| 浑然一体 | 湖光山色 | 春暖花开 | 地广人稀 | 错落有致 | 别有洞天 |

1. 进入山谷，景象（　　　　），难得一见。
2. 这里（　　　　），很适合开展大规模农业种植。
3. 大门巧妙地嵌在墙壁上，门和墙（　　　　），使人很难看出来。
4. （　　　　）的时节，正是去郊外踏青的好时候。
5. 颐和园（　　　　），景色宜人，是值得一去的好地方。
6. 这片建筑群（　　　　），布局灵活，风格独特。

## 三 描写数量的成语。

从方框中选择恰当的成语填在括号中。

| | | | | | |
|---|---|---|---|---|---|
| 九牛一毛 | 堆积如山 | 历历可数 | 人山人海 | 不胜枚举 | 浩如烟海 |

1. 春节庙会上，那（　　　　）的热闹景象，我至今记忆犹新。

2. 要把书店里多少年来（　　　　）的书整理一遍，不是简单的事情。
3. 这点儿损失在他看来犹如（　　　　），伤不了元气，他并没有放在心上。
4. 古今中外的优秀作品（　　　　）。
5. 这座城市几乎遍地都有珍贵的艺术品，（　　　　）。
6. 池水清澈，（　　　　）的小鱼在水草间悠闲地游着。

## 四 描写时间的成语。

从方框中选择恰当的成语填在括号中。

光阴似箭　猴年马月　寒来暑往　争分夺秒　成年累月　稍纵即逝

1. 工程照这样的进度，到（　　　　）也干不完。
2. 经过（　　　　）的刻苦钻研，他终于在甲骨文的研究上获得了重大发现。
3. 他埋头于课题研究，（　　　　），一晃十五年过去了，他终于取得了成果。
4. 快乐的时光总是（　　　　），我们要享受当下，把握每一个快乐的瞬间。
5. 我们应该（　　　　）地学习知识，千万不要荒废了大好时光。
6. 时间过得真快，（　　　　），一个学期就这样过去了。

## 五 描写声音的成语。

从方框中选择恰当的成语填在括号中。

万籁俱寂　惊天动地　鬼哭狼嚎　人声鼎沸　铿锵有力　响彻云霄

1. 爸爸的声音虽然很低，然而一字一句却异常（　　　　）。
2. 外面传来（　　　　）一声巨响。
3. 当他举起奖杯的那一刻，全场爆发出热烈的掌声和欢呼声，（　　　　），久久不息。
4. 夜里的风很大，如（　　　　）一般吼着，吵得我半宿没睡好。
5. 四周（　　　　），只有一两阵轻风偶尔从树丛间掠过。
6. 站在街头远远望去，只见人头攒动，（　　　　），喧哗的吵嚷声如潮水般汹涌澎湃，淹没了整个双流镇。

# 第三节 专项突破：成语的搭配

一 从方框中选择合适的词语填在括号中，使之与括号外的成语构成恰当的搭配。

结果 对手 诗文 父母

1.（ ）出人意料
2.（ ）脍炙人口
3.（ ）含辛茹苦
4.（ ）不堪一击

读书 天空 态度 草原

5.（ ）不求甚解
6.（ ）和蔼可亲
7.（ ）一望无际
8.（ ）彤云密布

将军 实验 观点 消息

9.（ ）不谋而合
10.（ ）半途而废
11.（ ）石沉大海
12.（ ）战功卓著

病情 谣言 身体 效果

13.（ ）不攻自破
14.（ ）适得其反
15.（ ）急转直下
16.（ ）每况愈下

学者 成果 产品 后果

17.（ ）有目共睹
18.（ ）粗制滥造
19.（ ）不堪设想
20.（ ）博闻强识

性格 罪行 工艺 习惯

21.（ ）叹为观止
22.（ ）刚正不阿
23.（ ）罄竹难书
24.（ ）约定俗成

宫殿 事迹 将军 医生

25. 救死扶伤的（ ）
26. 不可一世的（ ）
27. 金碧辉煌的（ ）
28. 可歌可泣的（ ）

高楼 性格 策略 处境

29. 水深火热的（ ）
30. 两全其美的（ ）
31. 鳞次栉比的（ ）
32. 桀骜不驯的（ ）

论调 信念 奸商 比分

33. 遥遥领先的（ ）
34. 不着边际的（ ）
35. 唯利是图的（ ）
36. 坚定不移的（ ）

大地 恋人 气氛 风格

37. 剑拔弩张的（ ）
38. 银装素裹的（ ）
39. 独树一帜的（ ）
40. 难舍难分的（ ）

儿童 行为 夜晚 商品

41. 货真价实的（ ）
42. 天真烂漫的（ ）
43. 损人利己的（ ）
44. 万籁俱寂的（ ）

作品 影响 工匠 家具

45. 心灵手巧的（ ）
46. 古色古香的（ ）
47. 一鸣惊人的（ ）
48. 潜移默化的（ ）

| 急得 打得 乐得 写得 | 吓得 吃得 围得 画得 | 唱得 学得 做得 看得 |
| --- | --- | --- |
| 49.（　　）绘声绘色 | 53.（　　）活灵活现 | 57.（　　）眼花缭乱 |
| 50.（　　）抓耳挠腮 | 54.（　　）望风而逃 | 58.（　　）巧夺天工 |
| 51.（　　）心花怒放 | 55.（　　）津津有味 | 59.（　　）响遏行云 |
| 52.（　　）不可开交 | 56.（　　）水泄不通 | 60.（　　）惟妙惟肖 |

| 惊讶得 卑鄙得<br>残忍得 羞愧得 | 追赶得 滑稽得<br>朗读得 修建得 | 享受着 引起了<br>期待着 梦想着 |
| --- | --- | --- |
| 61.（　　）无地自容 | 65.（　　）令人捧腹 | 69.（　　）出人头地 |
| 62.（　　）令人发指 | 66.（　　）气喘吁吁 | 70.（　　）天伦之乐 |
| 63.（　　）目瞪口呆 | 67.（　　）抑扬顿挫 | 71.（　　）轩然大波 |
| 64.（　　）不择手段 | 68.（　　）坚不可摧 | 72.（　　）回心转意 |

二 有的成语可以两两连用，以增强语言表意的互补性。将下面的成语两两配对，并用线连接起来。

1. 大厦将倾　　力不从心
风烛残年　　真知灼见
至理名言　　危在旦夕
深入浅出　　融会贯通

2. 眉飞色舞　　束手就擒
故伎重演　　一步登天
瓮中之鳖　　老调重弹
青云直上　　笑逐颜开

3. 蓬头垢面　　表里如一
画蛇添足　　哗众取宠
言行一致　　不修边幅
招摇过市　　多此一举

4. 万众一心　　言而无信
唯利是图　　对答如流
出尔反尔　　同仇敌忾
从容不迫　　不择手段

5. 未雨绸缪　　步步为营
稳扎稳打　　旗鼓相当
势均力敌　　水到渠成
瓜熟蒂落　　防患未然

6. 轰轰烈烈　　满目疮痍
千疮百孔　　惊天动地
举一反三　　潜移默化
耳濡目染　　触类旁通

## 第四节 专项突破：读故事，写成语

**一 下面描述的动物很多是我们只听过却没见过的。请根据描述，猜猜它们是哪种动物，然后从方框中找出与之相关的成语，填在后面的横线上。**

画龙点睛　饕餮盛宴　鲲鹏得志　麟趾呈祥　凤凰涅槃

1. 古代传说中一种神异的动物。体长，有鳞角须爪，能走能飞，能兴云作雨。封建时代用它作为皇帝的象征。

相关成语：____________

2. 古代传说中的百鸟之王。雌雄异名，合而得名。常用来象征祥瑞。据《诗经·尔雅》郭璞注，其形“鸡头，蛇颈，燕颔，龟背，鱼尾，五彩色，高六尺许”。

相关成语：____________

3. 古代传说中的大鱼和大鸟。鱼之大，几千里，起于北冥，徙于南冥，化而为鸟，其背几千里，其翼若垂天之云。怒而飞，振翅水击三千里，扶摇而上九万里。

相关成语：____________

4. 古代传说中的一种瑞兽。其状如鹿，独角，全身生鳞甲，尾像牛尾。其蹄可踢踏却不践踏生物，故称其为仁兽。寓以“兴盛”意，象征祥瑞。

相关成语：____________

5. 古代传说中一种贪食的恶兽。据《山海经》记载，其形如羊身人面，眼在腋下，虎齿人爪。古代钟鼎、彝等铜器上多刻其头部形状作为装饰。后来专指贪婪凶恶的人，或用来形容餐宴的丰盛。

相关成语：____________

**二 根据下面描述的故事情节，在横线上填入对应的成语。**

1. 一次，鲁国的音乐家公明仪突发奇想，对着一头正吃草的牛弹奏高雅的乐曲。谁知牛毫不理会，只顾自己低头吃草。后来人们根据这个故事，引申出“____________”这个成语，用来比喻说话不看对象，对外行说内行话或对不讲理的人讲理。

2. 东晋人谢安曾参与指挥淝水之战，以八万军队抗击八十七万前秦军队，最终以少胜多取得胜利。后来，谢安辞官隐居会稽东山，整天游山玩水，吟诗作画。四十岁时，谢安再度做官，直到高居宰相之位。后人由此典故提炼出成语“__________”。这个成语原比喻隐退后再任要职，现在常比喻失势后重新得势。

3. 战国时，楚国大臣庄辛劝诫楚襄王远离身边的小人，以免误国，楚襄王听后不悦，庄辛便辞别楚国，前往赵国以观其变。不久，秦国趁机伐楚，流亡中的楚襄王赶紧请庄辛回来补救，庄辛说：“俗话说，看见兔子才召唤猎犬还不晚，羊跑了再修补羊圈也还不迟。只要大王励精图治，仍可重振楚国。”后人由此提炼成语“__________”，比喻出了问题后及时想办法补救，以免继续受损失。

4. 一次，唐朝宰相李林甫故意让同僚李适之去告诉皇帝，华山藏有大量黄金，开采出来可使国用富足。玄宗一听很高兴，请李林甫来商议，不料他却说：“这件事我早知道了，华山是帝王瑞气汇集之地，在那里开采恐怕对陛下不好，所以我考虑再三，就没有向您禀告。”玄宗听后很感动，对他更信任了，从此疏远了李适之。后人评价李林甫“嘴上说着甜言蜜语，肚子里却揣着利剑”。“__________”这个成语由此而来，常比喻嘴甜心狠，为人阴险。

5. 西晋大学问家郭象才学过人，常有独到的见解。受到朝廷再三邀请，他便到朝中做了黄门侍郎。郭象口才很好，学问渊博。每次听他说话，人们总觉得津津有味。太尉王衍就常常赞扬他：“郭象说话，好比倒悬在山上的河流，滔滔不绝地往下流淌，永远没有枯竭的时候。”因此，后人就以“__________”来形容人能言善辩，说起话来像瀑布倾泻一般，滔滔不绝。

# 第五节 专项突破：成语的释义

## 一 为下面成语中加点的字选择正确的释义。

1. 言归于好（　　）　言之凿凿（　　）　名正言顺（　　）
A. 句首助词，无意义　B. 说话　C. 道理

2. 首当其冲（　　）　怒发冲冠（　　）　冲口而出（　　）
A. 直向上顶　B. 要冲，交通要道　C. 冲出，脱

3. 百依百顺（　　）　依样葫芦（　　）　依山傍水（　　）
A. 按照　B. 紧挨着　C. 依从

4. 文质彬彬（　　）　文过饰非（　　）　繁文缛节（　　）
A. 掩饰　B. 文雅　C. 礼节仪式

5. 望文生义（　　）　半文半白（　　）　文山会海（　　）
A. 公文，文件　B. 文言　C. 文字，字面

6. 文如其人（　　）　分文不取（　　）　文武双全（　　）
A. 文章　B. 文才　C. 旧时的铜钱

7. 杜门谢客（　　）　新陈代谢（　　）　谢天谢地（　　）
A. 凋谢，衰败　B. 感谢　C. 辞谢，推辞

8. 白手起家（　　）　不白之冤（　　）　白头偕老（　　）
A. 白色或近似白色的　B. 空的，什么都没有　C. 明白，清楚

9. 以暴易暴（　　）　自暴自弃（　　）　暴跳如雷（　　）
A. 暴烈而急躁　B. 凶暴，暴力　C. 糟蹋

10. 集思广益（　　）　延年益寿（　　）　老当益壮（　　）
A. 更加　B. 好处，用处　C. 增加

11. 别无长物（　　）　一技之长（　　）　从长计议（　　）
A. 长处　B. 长远的　C. 多余的，剩余的

12. 充耳不闻（　　）　汗牛充栋（　　）　滥竽充数（　　）
A. 充满　B. 冒充　C. 塞住

13. 临危受命（　　）　安身立命（　　）　自命不凡（　　）
A. 生命　B. 任命　C. 以为

14. 不修边幅（　　）　修心养性（　　）　修旧利废（　　）
A. 使心灵纯洁　B. 修复　C. 修饰，打扮

15. 乘龙快婿（　　）　快人快语（　　）　眼疾手快（　　）
A. 灵敏　B. 满意，称心　C. 爽快，直截了当

16. 庸言庸行（　　）　毋庸讳言（　　）　庸庸碌碌（　　）
A. 用（用于否定式）　B. 平凡，平庸　C. 没有作为

17. 望眼欲穿（　　）　欲言又止（　　）　利欲熏心（　　）
A. 欲望　B. 将要　C. 想要，希望

18. 势均力敌（　　）　寡不敌众（　　）　腹背受敌（　　）
A. 敌人（的攻击）　B.（力量）相等的　C. 对抗，抵挡

19. 厚此薄彼（　　）　广种薄收（　　）　如履薄冰（　　）
A. 与“厚”相对　B. 轻视，慢待　C. 轻微，少

20. 济济一堂（　　）　同舟共济（　　）　扶危济困（　　）
A. 音 jì，过河，渡　B. 音 jì，救，帮助　C. 音 jǐ，人多

## 二 选择正确的成语释义。

1. “差强人意”的意思是:（　　）
A. 大体上能够令人满意。
B. 很差劲，不能令人满意。

2. “不足为训”的意思是:（　　）
A. 作为教训还不够深刻，不足以得到教训。
B. 不值得作为效法的准则或榜样。

3. “万人空巷”的意思是:（　　）
A. 家家户户的人都奔向同一个地方，致使街巷空阔冷清。形容庆祝、欢迎等盛况。
B. 巷子里的人都回到家里，街上空无一人。形容街上气氛冷清。

4.“地主之谊”的意思是:(　　)

A. 地主：住在本地的人。当地主人接待客人的情谊。

B. 地主：占有土地的人。当地占有土地的人接待客人的情谊。

5.“曾几何时”的意思是:(　　)

A. 时间过去没多久。

B. 指很久以前。

6.“卓尔不群”的意思是:(　　)

A. 也只不过是一般人，没有什么特别之处。

B. 卓越非凡，异于常人。

7.“炙手可热”的意思是:(　　)

A. 手一靠近就感觉很热。形容气焰很盛，权势很大。

B. 指在群众中非常受欢迎，受人追捧而走红。

8.“令行禁止”的意思是:(　　)

A. 已经颁布的法令予以废止，不再执行。

B. 有令必行，有禁必止。形容严格执行法令。

9.“一团和气”的意思是:(　　)

A. 指和平无战乱的环境。

B. 原指和蔼可亲，现多指态度温和而缺乏原则。

10.“不得而知”的意思是:(　　)

A. 无法知晓。

B. 还没打听就已经知道了消息。

11.“别无长物”的意思是:(　　)

A. 没有其他特长。

B. 没有多余的东西，形容穷困或俭朴。

12.“短兵相接”的意思是:(　　)

A. 双方只用少量的士兵或短暂地发生交战，比喻作战的规模很小。

B. 双方用刀剑等短兵器进行近距离搏斗，也比喻双方面对面地进行激烈的斗争。

## 三 根据句中加点内容的意思，在括号中填入相应的成语。

1. 他们拿不定主意，对信上的话既有些相信，又有些怀疑。（　　　　　　）

2. 这位老人虽然孤身一个人，但由于邻居的热心照料，他晚年的生活倒也无忧无虑。（　　　　　　）

3. 登上峨眉山巅，俯视足下，大风刮起，云雾涌现，真有飘飘欲仙之感。（　　　　　　）

4. 他那种毫无顾忌地剽窃他人研究成果的做法，激起了学术界的公愤。（　　　　　　）

5. 足球场上，运动员一个个动作矫健，像龙在飞腾，像虎在跳跃。（　　　　　　）

6. 这样一篇稿子，经过他的随意删改，已经完全不是原来的面貌了。（　　　　　　）

7. 老刘今天理了发，刮了胡子，穿上了西服，看起来精神振作，情绪饱满。（　　　　　　）

8. 家乡的面貌每天都有更新，每月都有变化。你回来看看，肯定会大吃一惊的。（　　　　　　）

9. 你们对孩子过分宠爱，使他养成了想做什么就做什么的坏习惯。（　　　　　　）

10. 一些学生年少无知，容易受到迷惑而走上错误的道路。（　　　　　　）

# 第六节 专项突破：近义成语和反义成语

## 一 从方框中选择合适的成语填在括号中，使之与前面的成语构成一对近义词。

同舟共济 不求甚解 狗仗人势 富丽堂皇 急中生智 扭转乾坤
水到渠成 兼容并包 不闻不问 孤注一掷 长年累月 脱颖而出
披坚执锐 患难与共 众望所归 管中窥豹 杳无人迹 见微知著

1. 风雨同舟——（ ）
2. 瓜熟蒂落——（ ）
3. 狐假虎威——（ ）
4. 漠不关心——（ ）
5. 力挽狂澜——（ ）
6. 囫囵吞枣——（ ）
7. 兼收并蓄——（ ）
8. 金碧辉煌——（ ）
9. 情急智生——（ ）
10. 破釜沉舟——（ ）
11. 成年累月——（ ）
12. 一孔之见——（ ）
13. 崭露头角——（ ）
14. 同甘共苦——（ ）
15. 人迹罕至——（ ）
16. 一叶知秋——（ ）
17. 人心所向——（ ）
18. 秣马厉兵——（ ）

## 二 为下面的成语选择恰当的近义成语。

1. 局促不安——（ ）
A. 失魂落魄
B. 忐忑不安

2. 病入膏肓——（ ）
A. 奄奄一息
B. 不可救药

3. 拨云见日——（ ）
A. 光天化日
B. 重见天日

4. 落荒而逃——（ ）
A. 上蹿下跳
B. 抱头鼠窜

5. 一马当先——（ ）
A. 首当其冲
B. 身先士卒

6. 舍本逐末——（ ）
A. 本末倒置
B. 后来居上

7. 穿凿附会——（ ）
A. 差强人意
B. 牵强附会

8. 炉火纯青——（ ）
A. 登峰造极
B. 火冒三丈

9. 直截了当——（ ）
A. 开门见山
B. 言简意赅

10. 光明磊落——（ ）
A. 光明正大
B. 道貌岸然

11. 称心如意——（ ）
A. 尽如人意
B. 全心全意

12. 守口如瓶——（ ）
A. 矢口否认
B. 三缄其口

13. 弃暗投明——（　　）
A. 改邪归正
B. 前途光明

14. 夸大其词——（　　）
A. 自吹自擂
B. 言过其实

15. 漫不经心——（　　）
A. 玩忽职守
B. 掉以轻心

## 三 从方框中选择合适的成语填在括号中，使之与前面的成语构成一对反义词。

| | | | | | |
|---|---|---|---|---|---|
| 哀兵必胜 | 网开一面 | 貌合神离 | 不堪一击 | 不共戴天 | 藕断丝连 |
| 万念俱灰 | 下里巴人 | 门可罗雀 | 含糊其词 | 心口如一 | 适可而止 |
| 无所事事 | 临阵脱逃 | 笨口拙舌 | 众说纷纭 | 愁眉苦脸 | 饥寒交迫 |
| 洁身自好 | 通情达理 | 千篇一律 | 柳暗花明 | 没精打采 | 偃旗息鼓 |

1. 骄兵必败——（　　）
2. 不可理喻——（　　）
3. 门庭若市——（　　）
4. 得寸进尺——（　　）
5. 临危不惧——（　　）
6. 眉开眼笑——（　　）
7. 形影不离——（　　）
8. 口是心非——（　　）
9. 山穷水尽——（　　）
10. 雄心勃勃——（　　）
11. 赶尽杀绝——（　　）
12. 丰衣足食——（　　）
13. 伶牙俐齿——（　　）
14. 亲如手足——（　　）
15. 别具一格——（　　）
16. 大张旗鼓——（　　）
17. 坚不可摧——（　　）
18. 阳春白雪——（　　）
19. 直言不讳——（　　）
20. 日理万机——（　　）
21. 异口同声——（　　）
22. 同流合污——（　　）
23. 兴高采烈——（　　）
24. 一刀两断——（　　）

## 四 在括号中填入恰当的反义成语。

1. 无懈可击——（　　）
2. 敷衍了事——（　　）
3. 一落千丈——（　　）
4. 孤陋寡闻——（　　）
5. 虚情假意——（　　）
6. 缺衣少食——（　　）
7. 泰然自若——（　　）
8. 有名无实——（　　）
9. 感恩戴德——（　　）
10. 舍己为人——（　　）
11. 一败涂地——（　　）
12. 无足轻重——（　　）
13. 井井有条——（　　）
14. 人声鼎沸——（　　）

15. 半途而废——（　　　　）
16. 有的放矢——（　　　　）
17. 刻舟求剑——（　　　　）
18. 胡作非为——（　　　　）
19. 分道扬镳——（　　　　）
20. 始料未及——（　　　　）
21. 味同嚼蜡——（　　　　）
22. 振振有词——（　　　　）
23. 高枕无忧——（　　　　）
24. 深信不疑——（　　　　）

# 第七节 专项突破：ABAC 式成语

## 一 从方框中选择合适的字，将下面的成语补充完整。

我 尽 美 不 如 绘 像 逐 冷 半
有 惟 实 稳 探 亦 畏 百 十 自

| | | | |
|---|---|---|---|
| 1.（ ）行（ ）素 | 6.（ ）轮（ ）奂 | 11.（ ）字（ ）句 | 16.（ ）话（ ）说 |
| 2.（ ）全（ ）美 | 7.（ ）善（ ）美 | 12.（ ）言（ ）语 | 17.（ ）步（ ）趋 |
| 3.（ ）模（ ）样 | 8.（ ）头（ ）脑 | 13.（ ）推（ ）就 | 18.（ ）首（ ）尾 |
| 4.（ ）作（ ）受 | 9.（ ）三（ ）四 | 14.（ ）说（ ）笑 | 19.（ ）发（ ）中 |
| 5.（ ）扎（ ）打 | 10.（ ）火（ ）荼 | 15.（ ）妙（ ）肖 | 20.（ ）声（ ）色 |

云 忧 一 自 倾 公 如 破 何 偏
若 大 知 久 没 有 民 作 非 离

| | | | |
|---|---|---|---|
| 21.（ ）国（ ）城 | 26.（ ）言（ ）行 | 31.（ ）心（ ）德 | 36.（ ）事（ ）办 |
| 22.（ ）醉（ ）痴 | 27.（ ）卷（ ）舒 | 32.（ ）威（ ）福 | 37.（ ）罐（ ）摔 |
| 23.（ ）即（ ）离 | 28.（ ）亲（ ）故 | 33.（ ）国（ ）民 | 38.（ ）摇（ ）摆 |
| 24.（ ）己（ ）彼 | 29.（ ）去（ ）从 | 34.（ ）脂（ ）膏 | 39.（ ）心（ ）肺 |
| 25.（ ）而（ ）之 | 30.（ ）听（ ）信 | 35.（ ）血（ ）肉 | 40.（ ）吹（ ）擂 |

## 二 从方框中选择合适的词语，将下面的成语补充完整。

模样 兄弟 才艺 见闻 文武 手脚 仁义 时刻 来往 恭敬
腔调 得失 干净 惶恐 勤俭 买卖 情理 言语 子孙 包揽

| | | | |
|---|---|---|---|
| 1. 有（ ）有（ ） | 6. 多（ ）多（ ） | 11. 所（ ）所（ ） | 16. 难（ ）难（ ） |
| 2. 毛（ ）毛（ ） | 7. 独（ ）独（ ） | 12. 假（ ）假（ ） | 17. 能（ ）能（ ） |
| 3. 无（ ）无（ ） | 8. 徒（ ）徒（ ） | 13. 大（ ）大（ ） | 18. 毕（ ）毕（ ） |
| 4. 患（ ）患（ ） | 9. 克（ ）克（ ） | 14. 倒（ ）倒（ ） | 19. 拿（ ）拿（ ） |
| 5. 诚（ ）诚（ ） | 10. 不（ ）不（ ） | 15. 合（ ）合（ ） | 20. 自（ ）自（ ） |

# 第八节 专项突破：成语小游戏

## 一 成语接龙：在括号中填入恰当的字，使其作为前一个成语的最后一个字，以及后一个成语的首字。

1.

| | | | | | | | | | | | | | | | |
|---|---|---|---|---|---|---|---|---|---|---|---|---|---|---|---|
| 生 | 离 | 死 | （ ） | | | | | | | | | | | | |
| | | | 开 | | | | | | | | | | | | |
| | | | 生 | | | | | | | | | | | | |
| | | | （ ） | 红 | 耳 | （ ） | | | | | | | | | |
| | | | | | | 手 | | | | | | | | | |
| | | | | | | 空 | | | | | | | | | |
| | | | | | | （ ） | 拳 | 之 | （ ） | | | | | | |
| | | | | | | | | | 口 | | | | | | |
| | | | | | | | | | 如 | | | | | | |
| | | | | | | | | | （ ） | 意 | 孤 | （ ） | | | |
| | | | | | | | | | | | | 将 | | | |
| | | | | | | | | | | | | 就 | | | |
| | | | | | | | | | | | | （ ） | 已 | 成 | （ ） |
| | | | | | | | | | | | | | | | 车 |
| | | | | | | | | | | | | | | | 劳 |
| | | | | | | | | | | | | | | | （ ） |

2.

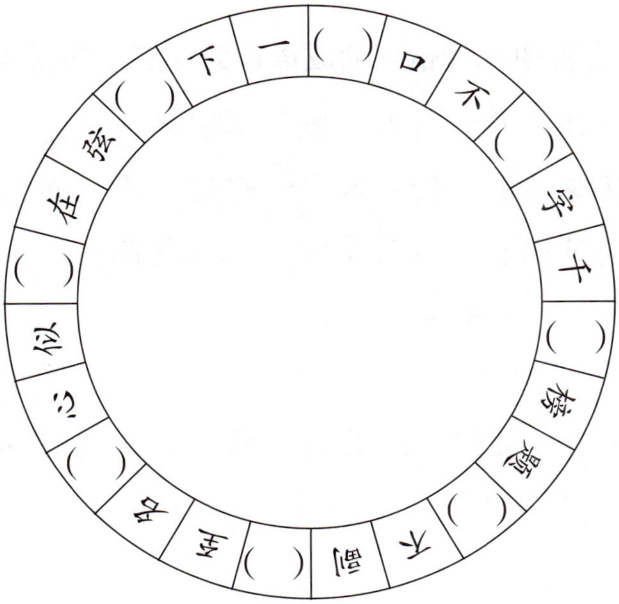

二 从方框中选择合适的字，将下面的成语补充完整，使成语的首字组成一首唐诗。

松　山　下　此　去　师　云　采　处　在
知　童　只　言　问　中　子　不　深　药

1.（　）形鹤骨　6.（　）而有信　11.（　）争朝夕　16.（　）山雾罩
2.（　）里巴人　7.（　）出无名　12.（　）劫难逃　17.（　）不可测
3.（　）心无愧　8.（　）风问俗　13.（　）消彼长　18.（　）一而足
4.（　）言无忌　9.（　）到病除　14.（　）珍海味　19.（　）人善任
5.（　）承父业　10.（　）伪存真　15.（　）饱私囊　20.（　）变不惊

三 将下面的成语补充完整，然后观察括号中的内容，你发现了什么？

1. 化整为（　）　5. 低三下（　）　9. 横七竖（　）　13. 气象万（　）
2. 始终如（　）　6. 隔三岔（　）　10.（　）霄云外　14. 成千上（　）
3. 忠贞不（　）　7. 吆五喝（　）　11. 以一当（　）　15.（　）（　）火急
4. 事不过（　）　8. 蛇打（　）寸　12. 杀一儆（　）　16. 雄兵（　）（　）

四 从方框中选择合适的字，将下面的成语补充完整，使成语的首字组成一句格言。

有　活　在　空　无　岁　志　百　年　志　不　高

1.（　　）气无力　5.（　　）富力强　9.（　　）前绝后
2.（　　）同道合　6.（　　）不可攀　10.（　　）蹦乱跳
3.（　　）打自招　7.（　　）病呻吟　11.（　　）感交集
4.（　　）劫难逃　8.（　　）存高远　12.（　　）寒三友

五 根据谜面内容，从方框中选择恰当的成语作为谜底填在括号中。

不上不下　一目了然　引人入胜　水泄不通　光明正大　以一当十
才气过人　落花流水　请君入瓮　形影不离　开门见山　难以置信
胸中有数　闻过则喜　原形毕露　难言之隐

1. 谜面：一
（　　　　）
2. 谜面：卸妆
（　　　　）
3. 谜面：预设陷阱
（　　　　）
4. 谜面：月到中秋
（　　　　）
5. 谜面：雪融
（　　　　）
6. 谜面：哑谜
（　　　　）

7. 谜面：余怒未消
（　　　　）

8. 谜面：元角兑换
（　　　　）

9. 谜面：心算
（　　　　）

10. 谜面：游览指南
（　　　　）

11. 谜面：邮筒坏了
（　　　　）

12. 谜面：灯下散步
（　　　　）

13. 谜面：笑话
（　　　　）

14. 谜面：愚公之家
（　　　　）

15. 谜面：阴沟堵塞
（　　　　）

16. 谜面：阅后即焚
（　　　　）

# 第九节 专项突破：熟语积累

## 一 从方框中选择合适的字，将下面的三字熟语补充完整。

梦　牛　窝　狗　有　洞　风　威　卒　奴
令　鸡　宴　炮　狼　羹　交　钉　主　砖

1. 黄粱（　　）　6. 忘年（　　）　11. 敲门（　　）　16. 落水（　　）
2. 闭门（　　）　7. 东道（　　）　12. 无底（　　）　17. 守财（　　）
3. 鸿门（　　）　8. 白眼（　　）　13. 眼中（　　）　18. 耳边（　　）
4. 孺子（　　）　9. 马后（　　）　14. 下马（　　）　19. 安乐（　　）
5. 马前（　　）　10. 逐客（　　）　15. 铁公（　　）　20. 莫须（　　）

墙　捋　敲　煞　乱　半　抱　执　想　卷
放　露　破　步　一　跑　大　出　吹　闷

21.（　　）手笔　26.（　　）马脚　31.（　　）不平　36.（　　）有耳
22.（　　）风头　27.（　　）天荒　32.（　　）牛耳　37.（　　）虎须
23.（　　）风景　28.（　　）后尘　33.（　　）当然　38.（　　）边鼓
24.（　　）牛皮　29.（　　）龙套　34.（　　）铺盖　39.（　　）弹琴
25.（　　）葫芦　30.（　　）刀切　35.（　　）冷箭　40.（　　）吊子

## 二 用数字将下面的熟语补充完整。

1. 一问（　　）不知
2.（　　）字没一撇
3.（　　）万八千里
4.（　　）竿子打不着
5.（　　）（　　）不离十
6.（　　）（　　）步笑百步
7.（　　）牛（　　）虎之力
8. 无事不登（　　）宝殿
9. 此地无银（　　）（　　）两
10. 不管三七（　　）（　　）（　　）
11. 行百里者，半（　　）（　　）
12.（　　）尺竿头，更进一步
13.（　　）足之虫，死而不僵
14.（　　）天打鱼，（　　）天晒网

## 三 从方框中选择合适的词语，将下面的熟语补充完整。

功到　佛脚　树倒　日久　换汤　久旱
麦芒　无巧　山倒　快刀　无风　状元

1.（　　）自然成　5.（　　）逢甘雨　9. 临时抱（　　）
2.（　　）猢狲散　6.（　　）不成书　10. 针尖对（　　）
3.（　　）见人心　7.（　　）不换药　11. 军令如（　　）
4.（　　）斩乱麻　8.（　　）不起浪　12. 行行出（　　）

年高　风马牛　虎　事实　心死　有志者
自毙　牛刀　大旗　从命　水　酒

13. 有志不在（　　）　17.（　　）胜于雄辩　21. 多行不义必（　　）
14. 哀莫大于（　　）　18.（　　）不相及　22. 初生牛犊不怕（　　）
15. 恭敬不如（　　）　19.（　　）事竟成　23. 醉翁之意不在（　　）
16. 杀鸡焉用（　　）　20. 拉（　　）作虎皮　24. 君子之交淡如（　　）

## 四 将下面的熟语补充完整。

1. 此一时，________
2. 雷声大，________
3. 敏于事，________
4. 眼中钉，________
5. 惊天地，________
6. 眼不见，________
7. 同甘苦，________
8. 士可杀，________
9. ________，低不就
10. ________，斩六将
11. ________，长一智
12. ________，败不馁
13. 一夫当关，________
14. 一日不见，________
15. 锲而不舍，________
16. 水能载舟，________
17. 桃李不言，________
18. 落花有意，________
19. 欲加之罪，________
20. 前人栽树，________
21. 送君千里，________
22. 人无远虑，________
23. 言者无罪，________
24. 前事不忘，________
25. ________，匹夫有责
26. ________，百年树人
27. ________，言无不尽
28. ________，谬以千里

29. ________，五谷不分
30. ________，耳听八方
31. ________，糊涂一时
32. ________，黄雀在后
33. 路遥知马力，________
34. 世上无难事，________
35. 留得青山在，________
36. 秀才不出门，________
37. ________，必先利其器
38. ________，不知为不知
39. ________，老大徒伤悲
40. ________，忠言逆耳利于行

## 五 用表格中所给的词语组成熟语。

| | | | | | | | |
|---|---|---|---|---|---|---|---|
| 不来 | 名 | 怕虎 | 二 | 不及 | 满 | 不 | 祸 |
| 言 | 招损 | 谦 | 不做 | 有 | 贪财 | 不顺 | 前 |
| 后 | 不正 | 无 | 过之 | 不休 | 受益 | 怕狼 | 一 |

1. ________
2. ________
3. ________
4. ________
5. ________
6. ________

## 六 读一读下面的熟语，将其序号填在对应的横线上。

1. 聪明在于学习，天才在于积累。
2. 志当存高远。
3. 莫等闲，白了少年头。
4. 有志者，事竟成。
5. 为善者流芳百世，为恶者遗臭万年。
6. 黑发不知勤学早，白首方悔读书迟。

关于珍惜时间的：________
关于读书学习的：________
关于品格的：________
关于志向的：________

## 七 在横线上填写相应的熟语。

1. 人们总是在犯错误的过程中增长见识，“________”便是这个道理。

A. 吃一堑，长一智　　B. 满招损，谦受益

B. 虚心使人进步，骄傲使人落后　　D. 失败是成功之母

2. 告诉我们批评的话虽然尖锐，但对我们的成长有很大用处的熟语：________

________

3. 告诉我们与其徒有愿望，不如动手去做的熟语：________

________

4. 告诉我们要广泛听取别人意见的熟语：________________________________

________________________________________________________________

# 第十节 综合提升

## 一 易读错的成语。

**1.** 将正确的读音填在括号中。

lòu　lù

（　　）出头露面　（　　）抛头露面

liáng　liàng

（　　）量体裁衣　（　　）车载斗量

zháo　zhuó

（　　）歪打正着　（　　）不着边际

sǎn　sàn

（　　）一盘散沙　（　　）魂飞魄散

shě　shè

（　　）退避三舍　（　　）舍近求远

dāng　dàng

（　　）当仁不让　（　　）安步当车

sài　sè

（　　）顿开茅塞　（　　）塞翁失马

wéi　wèi

（　　）叹为观止　（　　）各为其主

jǐ　jì

（　　）刚柔并济　（　　）济济一堂

mó　mú

（　　）装模作样　（　　）模棱两可

**2.** 在正确的读音下画“√”。

恪守不渝（gé　gè　kè）

鳞次栉比（jié　zhì）

刚愎自用（bì　fù）

诲人不倦（huǐ　huì）

饶有风趣（qǔ　qù）

蜕化变质（zhǐ　zhì）

惩前毖后（chéng　chěng）

削铁如泥（xiāo　xuē）

千差万别（chā　chà　cī）

垂涎三尺（xián　yán）

空穴来风（xué　xuè）

沧海一粟（shù　sù）

宁死不屈（níng　nìng）

戛然而止（gá　jiá）

刎颈之交（wěn wù）
波澜壮阔（bō pō）
教学相长（jiāo jiào）
随声附和（hé hè）
汗流浃背（jiā jiá）
错综复杂（fǔ fù）
暴殄天物（tiǎn zhēn）
金蝉脱壳（cán chán）
自给自足（gěi jǐ）
一丘之貉（hé hè）
潜移默化（qián qiǎn）
斤斤计较（jiǎo jiào）
皆大欢喜（jiē jié）
艰难曲折（qū qǔ）
单枪匹马（pí pǐ）
手疾眼快（jī jí）
销声匿迹（jī jì）
呕心沥血（ōu ǒu）
勤能补拙（zhuō zhuó）
一塌糊涂（tā tà）
相机行事（xiāng xiàng）
悄无声息（qiāo qiǎo）
无隙可乘（xī xì）
一气呵成（hā hē）
暗送秋波（bō pō）
闭目塞听（sāi sè）
一应俱全（yīng yìng）
吹毛求疵（cī cì zī）

3. 读音全部正确的一组是（　　）。

A. 涸泽而渔（hé）　请君入瓮（wèng）　数典忘祖（shǔ）

B. 脍炙人口（kuài）　呼天抢地（qiǎng）　瞠目结舌（chēng）

C. 温情脉脉（mò mò）　飞来横祸（héng）　天遂人愿（suí）

D. 勇冠三军（guān）　阳奉阴违（wéi）　震古烁今（shuò）

4. 读音全部正确的一组是（　　）。

A. 骇人听闻（hài）　浑然一体（hún）　百孔千疮（chuāng）

B. 觥筹交错（gōng）　顶礼膜拜（mó）　如履薄冰（báo）

C. 大腹便便（pián pián）　不假思索（jiǎ）　杀鸡儆猴（jìng）

D. 大放厥词（jué）　蛟龙得水（jiāo）　称心如意（chèng）

## 二 易写错的成语。

1. 将下面成语中混用的同（近）音字纠正过来。

礼上往来（　　）　一唱一合（　　）　计日成功（　　）　甘败下风（　　）

不记其数（　　）　刻舟求箭（　　）　官冕堂皇（　　）　一番风顺（　　）

密而不宣（　　）　夜不能昧（　　）　洗耳躬听（　　）　认贼做父（　　）

阴谋鬼计（　　）　走头无路（　　）　以逸代劳（　　）　披星带月（　　）

异曲同功（　　）　克不容缓（　　）　原形必露（　　）　集思广义（　　）

地利人合（　　）　涛涛不绝（　　）　贪赃妄法（　　）　随声附合（　　）

貌和神离（　　）　乌烟障气（　　）　万般无耐（　　）　不可思异（　　）

欢心鼓舞（　　）　过目成颂（　　）　半途而费（　　）　温文而雅（　　）

两袖轻风（　　）　变本加励（　　）　身手异处（　　）　随机应便（　　）

2. 将下面成语中错用的形近字纠正过来。

望风披糜（　　）　无精打彩（　　）　篷荜生辉（　　）　虚无飘缈（　　）

文质杉杉（　　）　义愤填鹰（　　）　万赖俱寂（　　）　磐竹难书（　　）

戮力同心（　　）　心弛神往（　　）　手不释劵（　　）　如火如荼（　　）

相形见拙（　　）　病入膏盲（　　）　百练成钢（　　）　出类拔萃（　　）

3. 将下面成语中产生歧义的错别字纠正过来。

关怀倍至（　　）　人才倍出（　　）　心心相映（　　）　相印成趣（　　）

一愁莫展（　　）　不径而走（　　）　自立更生（　　）　步步为赢（　　）

穿流不息（　　）　炽手可热（　　）　轻歌慢舞（　　）　按步就班（　　）

望文生意（　　）　相辅相承（　　）　展露头脚（　　）　谈笑风声（　　）

4. 字形全部正确的一组是（　　）。

A. 安份守己　守株待兔　一蹶不振

B. 衰兵必胜　东施效颦　精神抖擞

C. 神魂颠倒　默默无闻　以怨报德

D. 自作聪明　横眉冷对　就地取才

5. 字形全部正确的一组是（　　）。

A. 同室操戈　卧薪尝胆　白头偕老

B. 退避三舍　骚首弄姿　雪上加霜

C. 色厉内荏　力挽狂澜　风度翩翩

D. 无依无靠　名不虚传　三翻五次

6. 字形全部正确的一组是（　　）。

A. 举世瞩目　陈词烂调　愚公移山

B. 蛮横无理　运筹帷幄　道貌岸然

C. 渡日如年　抛砖引玉　得陇望蜀

D. 避实就虚　巧舌如簧　墨守陈规

7. 字形全部正确的一组是（　　）。

A. 外强中干　强弩之末　隔靴搔痒

B. 惨无人道　哀声叹气　百无禁忌

C. 行将就木　能言善辩　大声急呼

D. 迫不急待　忠贞不渝　富国强兵

8. 字形全部正确的一组是（　　）。

A. 天道酬勤　美轮美焕　酩酊大醉
B. 层峦迭嶂　扶摇直上　羊肠小道
C. 恃强凌弱　奴颜婢膝　海阔天空
D. 浮想联翩　满腹经伦　白手起家

9. 字形全部正确的一组是（　　）。

A. 耀武扬威　好高骛远　肝胆相照
B. 华众取宠　临渊羡鱼　解囊相助
C. 反唇相讥　悔人不倦　物换星移
D. 相煎何急　啼笑皆非　脱胎换骨

## 三 根据横线前的提示，从方框中选择恰当的成语填在横线上。

与世无争　驾轻就熟　不甘示弱　梦寐以求　阿谀奉承　豪情壮志
大气磅礴　愁眉不展　感人肺腑　蒙在鼓里　牵强附会　迷途知返

1. 埋头做事，________
2. 期盼已久，________
3. 溜须拍马，________
4. 轻松应对，________
5. 浑然不觉，________
6. 英雄事迹，________
7. 心事重重，________
8. 生拉硬扯，________
9. 幡然悔悟，________
10. 放眼未来，________
11. 场面壮观，________
12. 面对挑战，________

## 四 在括号中填入恰当的具有否定意义的词，将下面的成语补充完整。

1. 格杀（　）论
2. 后悔（　）及
3. 人心（　）测
4. 置若（　）闻
5. （　）衷一是
6. 似是而（　）
7. 口是心（　）
8. 闻所（　）闻
9. 变化（　）测
10. 络绎（　）绝
11. （　）劳而获
12. 望尘（　）及
13. （　）卜先知
14. 斩尽杀（　）
15. 鞭长（　）及
16. 空前（　）后
17. 惊魂（　）定
18. 百口（　）辩
19. 亘古（　）有
20. （　）夷所思
21. （　）庸置疑
22. 爱（　）能助
23. 受益（　）浅
24. 一筹（　）展
25. （　）雨绸缪
26. （　）可厚非
27. 少安（　）躁
28. 自愧（　）如

## 五 从方框中选择恰当的人物，将下面的成语补充完整。

塞翁　愚公　项庄　孟母　精卫　叶公　东施　江郎
毛遂　夸父　庄周　女娲　庖丁　冯唐　孙山　周公

1. （　　）失马
2. （　　）效颦
3. （　　）才尽
4. （　　）逐日
5. （　　）三迁
6. （　　）好龙
7. （　　）移山
8. （　　）舞剑
9. （　　）自荐
10. （　　）填海
11. （　　）吐哺
12. （　　）梦蝶
13. （　　）解牛
14. （　　）补天
15. （　　）易老
16. 名落（　　）

## 六 将人物和相关的成语用线连接起来。

| | |
|---|---|
| 庖丁 | 滥竽充数 |
| 南郭先生 | 游刃有余 |
| 毛遂 | 四面楚歌 |
| 孟尝君 | 鸡鸣狗盗 |
| 匡衡 | 凿壁偷光 |
| 韩安国 | 得陇望蜀 |
| 项羽 | 脱颖而出 |
| 廉颇 | 强弩之末 |
| 荆轲 | 图穷匕见 |
| 刘秀 | 负荆请罪 |

## 七 结合上下文的内容，选择正确的一项填空。

1. 故衡量（　　），目前只能先筹划破洛阳，而破南阳非当务之急。

——姚雪垠《李自成》

A. 轻重缓急　B. 先来后到　C. 按部就班　D. 随心所欲

2. 我要告他，又是（　　），怕损害了我的名誉，断送了我孩子们的前途。

——张恨水《巴山夜雨》

A. 瞻前顾后　B. 两败俱伤　C. 投鼠忌器　D. 进退维谷

3. 杨子荣咧嘴笑道："好饭不怕晚，年三十晚上咱们的老规矩，要等'一夜连双岁'的时刻吃（　　）饭。"

——曲波《林海雪原》

A. 除旧布新　B. 辞旧迎新　C. 推陈出新　D. 喜新厌旧

4. 夹着尾巴威风扫地的伪军们，每次下乡"扫荡"真是（　　）。他们望见庄稼一摇晃，就以为那里有伏兵，吓得惊慌失措。

——郭澄清《大刀记》

A. 惶恐不安　B. 虚张声势　C. 欲盖弥彰　D. 草木皆兵

5. 敌人大白天用汽车装载少量兵员运往别处，夜间却把大批兵力运来，很明显这是一种（　　）的诡计。

——魏巍《东方》

A. 足智多谋　B. 阳奉阴违　C. 声东击西　D. 围魏救赵

6. 丽日当空，迎面缓缓送来一阵温煦而芳馨的风。那风，直扑到我怀里，一路疾苦，简直爽然若失了。猛地，心头一动：途中那几次（　　）的感觉，似乎只有这温馨的风，才略可比拟。 ——韩少华《温馨的风》

A. 难以名状　B. 不明所以　C. 难言之隐　D. 言不由衷

7. 总之，王莹女士及其一伙的演员，各已到了（　　）的境界，在话剧坛上，是可以树起一帜的了。 ——《郁达夫文论集》

A. 至高无上　B. 熟能生巧　C. 得心应手　D. 炉火纯青

8. 大家不肯出卖朋友，又不敢替别人担保忠心耿耿，于是只好（　　）。

——老舍《四世同堂》

A. 模棱两可　B. 含糊其词　C. 马马虎虎　D. 委曲求全

9. 我要努力坚持自己所认识到的思想与生活态度，虽有刀锯斧钺，（　　），愿以此报生平知己。 ——韦君宜《洗礼》

A. 苦尽甘来　B. 食之无味　C. 甘之如饴　D. 口蜜腹剑

10. 从汽车眺望平堤远处，薄雾里（　　）的平田、房子、树木，全如敷了一层蓝灰，一切极爽心悦目。 ——沈从文《湘行散记》

A. 错落有致　B. 井井有条　C. 残垣断壁　D. 参差不齐

## 八 根据方框中的要求填空。

试着用含有“马”的成语完成下面的句子。

1. 为了按期完成施工任务，工人们（　　　　）、夜以继日地工作。
2. 参加招聘会前，他做了充分的准备，一定会（　　　　），得偿所愿。
3. 公安人员根据现场留下的（　　　　），很快就侦破了这起案件。
4. 老李经常带团去西安，已经（　　　　），跟着他去西安旅游再合适不过了。
5. 我和妻子是一对（　　　　）的恩爱夫妻。

试着用含有“人”的成语完成下面的句子。

6. 几位警员接办这件凶案后，深知（　　　　），责任重大。
7. 他总是（　　　　），从来没有自己的见解。
8. 球场上（　　　　），大家都在为各自喜欢的队伍加油助威。
9. 林黛玉长期（　　　　），因此造就了她忧郁孤傲的性格。

10. 赤壁之战中，曹操仗着（　　　　）的优势，想一举击败孙刘联军，可最终却吃了败仗。

试着用含有“风”的成语完成下面的句子。

11. 敌军沿小路仓皇逃跑，一路上（　　　　），草木皆兵。

12. 尽管有人（　　　　），说三道四，但他不为所动，决心把实验继续进行下去。

13. 在此危急关头，大家要（　　　　），和衷共济。

14. 这些（　　　　）的大学生，对创业的未来充满了憧憬。

15. 明朝末年政治腐败，加之天灾不断，民不聊生，怨声载道，各地农民起义（　　　　）。

试着用含有“无”的成语完成下面的句子。

16. 董老（　　　　）地关怀着这位文坛新秀，为他的成长倾注了很多心血。

17. 大家都很想帮她一把，可又感到（　　　　）。

18. “科学号”远洋科考船航行在（　　　　）的大海上，极目望去，水天一色。

19. 他离开这里后就消失得（　　　　），至今一点儿消息都没有。

20. 这篇论文立论严谨，（　　　　）。

# 参考答案

## 第一章 量词专项突破

### 第二节 专项突破：量词的恰当应用

一、1. 风：丝 缕 阵 场 股
城墙：堵 道 段
炮弹：颗 发 个 枚
2. 棉花：棵 株 朵 团
砚台：方 块
轮船：艘 只 条
旋风：阵 股
3. 头发：根 撮 束 绺 缕
山羊：只 头 群
水渠：道 条
4. 作品：件 部 幅 篇
笔：盒 管 杆 支
制度：条 项
5. 钻石：粒 颗
汽车：部 辆
皱纹：丝 道 条
担子：副
6. 红旗：面 杆
眉毛：道 双 条 对
戏：折 台 幕 场 出 部

二、1. 满墙广告 两箱牛奶 一黑板留言
一橱窗照片 一抽屉信
2. 一过道雕像 三大碗水 一瓶氧气
两盘饺子
3. 一勺酱油 一桌子菜 一口袋硬币
一盒子饼干 一车人
4. 踩一脚油门 露一手 尝几口
切一刀 溜达几步

### 第三节 专项突破：量词的搭配

一、1. 几 2. 几 3. 几 4. 一
5. 几 6. 一 7. 几 8. 一
9. 几 10. 一 11. 一 12. 一
13. 几 14. 一 15. 几 16. 一

二、1. 一 2. 一 3. 十七八
4. 八 5. 七八 6. 一

三、1. A 2. B 3. B 4. B 5. B 6. D
7. C

### 第四节 专项突破：多音量词和近义量词

撮：1. cuō 2. zuǒ 3. cuō
4. zuǒ 5. cuō 6. zuǒ

通：1. tòng 2. tōng 3. tòng
4. tòng 5. tōng 6. tòng

集/辑：1. 辑 2. 集 3. 辑
4. 集 5. 辑 6. 集

打/沓：1. 打 2. 沓 3. 打
4. 沓 5. 沓 6. 打

只/支/枝：(一)1. 支 2. 支 3. 枝 4. 支
5. 只 6. 只 7. 支 8. 只
(二)1. × 三只兔子
2. × 一支小分队
3. × 一支歌曲
4. × 三只箱子
5. × 两枝玫瑰
6. × 一支铅笔
7. × 一只耳环
8. × 一支猎枪

### 第五节 专项突破：量词的感情色彩与修辞效果

一、1. 群 伙 2. 位 介 3. 座 块
4. 身 股 5. 尊 副 6. 批 窝
7. 支 股 8. 批 帮 9. 帮 撮
10. 副 张

二、1. 个 个 个 2. 座 3. 枚
4. 出 出 5. 个

三、一叶扁舟 一粒花生 一团毛线
一缕情思 一方手帕 一轮红日

## 第六节 专项突破：量词的重叠

第一组：

| | |
|---|---|
| 一件件 | 怪事 |
| 一行行 | 讲座 |
| 一桩桩 | 字迹 |
| 一堂堂 | 物品 |

第二组：

| | |
|---|---|
| 一张张 | 种子 |
| 一笔笔 | 宿舍 |
| 一粒粒 | 血债 |
| 一间间 | 笑脸 |

第三组：

| | |
|---|---|
| 篇篇 | 有余 |
| 串串 | 葡萄 |
| 条条 | 檄文 |
| 年年 | 大路 |

第四组：

| | |
|---|---|
| 层层 | 白云 |
| 回回 | 惊心 |
| 朵朵 | 梯田 |
| 步步 | 落空 |

## 第七节 综合提升

一、1. 寸　2. 片　3. 次　番　4. 里
5. 斤　两　6. 寸　7. 行　8. 两
9. 步　步　10. 般　11. 天　天
12. 席　年

二、1. B　2. D

三、1. 个　行　里　2. 里　日　重　3. 里　层
4. 条　5. 岁　6. 尺　7. 点　里
8. 里　家　座　枝　9. 个　点　10. 丈
11. 线　支　12. 支　支　挺　13. 支
14. 支　船

# 第二章　形容词专项突破

## 第二节 专项突破：形容词的恰当应用

一、1. B　2. D　3. A

二、1. A　2. D　3. A

三、1. A　2. B

3. 形容食物：可口　清淡　鲜美
酥脆　爽口
形容房屋：温馨　雅致
形容交通工具：快捷　节能　便利
高效　平稳

四、1. C　2. B　3. D
4. 形容夜晚：寂静　漆黑　宁静
静谧　幽暗　漫长
形容月色：溶溶　皎洁　柔和
明亮　朦胧　清丽
形容春天：明媚　万紫千红
融融　欣欣向荣
生机勃勃　盎然

五、1. C　2. D　3. A
4. 形容鸟鸣：婉转　清脆　悦耳
呢喃　动听　聒噪
形容树林：茂密　葱茏　幽深
葱郁　茂盛　苍翠
形容马匹：瘦弱　名贵　温驯
烈性　高大　强壮

六、1. B　2. A　3. C
4. 形容宫殿：雄伟　壮观　神秘
辉煌　巍峨　庄严　宏大
形容窗户：透亮　明亮　明净
形容校园：整洁　有序　欢乐
热闹　和谐

## 第三节 专项突破：形容词的搭配

一、

| | |
|---|---|
| 五大三粗的 | 姑娘 |
| 不苟言笑的 | 老奶奶 |
| 美丽动人的 | 法官 |
| 慈祥和蔼的 | 汉子 |
| 彬彬有礼的 | 外交官 |

二、1. 高尚　2. 高雅　3. 崇高
4. 悲愤　5. 悲观　6. 悲痛
7. 丰沛　8. 丰硕　9. 丰富

三、1. 僵直的声音
2. 柔韧的钻头
3. 顽固的石头

4. 拥挤的思想

四、1. B　2. C　3. D　4. B

## 第四节 专项突破：近义形容词和反义形容词

一、1. 潮湿　洒脱　马虎
寂静　冷静　简单
普通　安稳　廉价
奇妙　宏伟　婀娜
2. 伤心　寒冷　困难
开心　聪明　惧怕

二、1. 热闹　幸福　仔细
弯曲　舒服　喜悦
2. 俊俏　俊秀
丑陋　难看
清晰　透彻　明了
模糊　朦胧　含糊
3. 乖巧　安静　丑陋
懒惰　炎热　谦虚

## 第五节 专项突破：形容词的感情色彩

一、1. 温柔　雄伟　诚恳　2. A　3. C

二、1. 恶劣　龌龊　懦弱　2. A　3. C

三、1. 淡定　微小　广泛　2. A

## 第六节 专项突破：重叠式形容词

一、1. 勃勃　融融　瑟瑟　炎炎
2. 柔柔　粼粼　熠熠　点点
3. 茫茫　潺潺　汩汩　滔滔
4. 皑皑　绵绵　凛凛　隆隆

二、1. 葱葱 / 苍苍　苍苍　郁郁　密密
2. 业业　真真　散散　庸庸
3. 清清　闹闹　熙熙　静静
4. 整整　扭扭　草草　麻麻

三、1. 曈曈　2. 盈盈　脉脉
3. 密密　迟迟　4. 依依　霏霏

四、红彤彤　金灿灿 / 黄灿灿
绿油油 / 黑油油　黄澄澄　白花花
黑漆漆　红扑扑
灰蒙蒙 / 白蒙蒙 / 黑蒙蒙
阴森森　亮晶晶 / 蓝晶晶　清凌凌
蓝莹莹 / 绿莹莹

## 第七节 综合提升

一、1.（1）呆板　（2）矮小　（3）安全
（4）寂寞　（5）炎热　（6）生硬
（7）神奇
2.（1）名字　（2）任务　（3）燃烧
（4）批评　（5）浪潮
3.（1）CH　（2）BCH　（3）CEH
（4）DE
4. √　×　×　×
√　×　√　√
√　×　×　×
×　√　√　√
5.（1）勤杂　（2）劳动　（3）强调
（4）急救

二、油光光　顺溜　讲究　舒服　饱　干净

三、曲曲折折　亭亭　羞涩　渺茫　密密
脉脉

四、1. A　2. C　3. D

五、1. “周密”改为“严密”
2. “舒畅”改为“流畅”
3. “含情脉脉”改为“吞吞吐吐”
4. “鼓舞”改为“感动”
5. “优异”改为“良好”
6. “新颖”改为“特殊”
7. “热烈”改为“剧烈”
8. “繁重”改为“堵心”

# 第三章 关联词语专项突破

## 第二节 专项突破：表示并列关系的关联词语

一、1. 不是　而是　2. 既　也
3. 一边　一边　4. 一方面　一方面
5. 不是　而是　6. 一面　一面
7. 也　也　8. 既　又　9. 也
10. 不是　而是　11. 既　也
12. 也　也

二、1. √
2. ×（父母一方面把孩子看得紧紧的，

一方面又要他独立自主，这是不可能的。）

3. √

4. ×（他一边听着音乐，一边写着作业。）

5. ×（乘坐高铁出行既准时准点，又安全快捷。）

6. √

7. √

8. ×（妈妈又得上班，又要辅导我的功课，真是太辛苦了。）

## 第三节 专项突破：表示递进关系的关联词语

一、1. 尚且 何况 2. 不但 还
3. 何况 4. 甚至 5. 反而
6. 不但 并且 7. 尚且 何况
8. 更 9. 不但 而且
10. 不但 反而 11. 况且
12. 并 13. 并且 14. 反而

二、1. ×（他不但会唱歌，而且会跳舞。）

2. √

3. ×（虎鲸凶猛好斗，连大白鲨都敢袭击，何况其他鱼类？）

4. √

5. √

6. ×（这种水果不但维生素含量多，而且营养价值高。）

7. ×（这个囚犯不但没有悔改，出狱后反而再次作案。）

## 第四节 专项突破：表示承接关系的关联词语

一、1. 一 就 2. 起初 后来 3. 首先 然后
4. 便 5. 再 6. 接着 7. 于是
8. 一 就 9. 接着 10. 起初 后来
11. 最后

二、1. ×（他先是狂喜，然后不安起来。）

2. ×（我每天放学回到家，先写作业，然后看电视。）

3. ×（这首歌太悲伤了，一听到前奏我就忍不住掉眼泪。）

4. √

5. √

6. √

## 第五节 专项突破：表示选择关系的关联词语

一、1. 宁愿 也不 2. 或者 或者
3. 与其 不如 4. 宁可 也要
5. 与其 不如 6. 不是 就是
7. 宁愿 也不 8. 要么 要么
9. 宁可 也不 10. 与其 不如
11. 是 还是 12. 宁可 也要

二、1. √

2. ×（你是相信他们的片面之词，还是相信我找到的证据？）

3. ×（这几年天公不作美，不是发洪水，就是干旱。）

4. √ 5. √ 6. √ 7. √

## 第六节 专项突破：表示转折关系的关联词语

一、1. 但是 2. 却 3. 虽然 却
4. 固然 可是 5. 虽然 然而
6. 尽管 还是

二、1. √

2. ×（这件衣服看着很普通，价格却很高。）

3. ×（虽然每个人都渴望胜利，但是第一名只有一个。）

4. √

5. ×（虽然我看了好半天，不少地方还是搞不懂。）

6. √

7. ×（虽然我们的距离很远，但是我们的心挨得很近。）

## 第七节 专项突破：表示条件关系的关联词语

一、1. 只有 才 2. 除非 否则
3. 只要 就 4. 任凭 也
5. 一旦 便 6. 不管 都
7. 要不然 8. 只有 才

9. 无论 都　10. 只要 总
11. 只有 才　12. 除非 不然

二、1. ×（目前只有查清楚真相，才能还他清白。）
2. ×（不管遇到多少困难，小鲤鱼都坚持了下来，最终跃过了龙门。）
3. √
4. √
5. ×（只要饲养员拿着食盆出现，鸡场里的鸡就会聚集过来。）
6. √
7. ×（只有把问题产生的原因分析透彻，这个问题才能真正得到解决。）

## 第八节 专项突破：表示假设关系的关联词语

一、1. 要是 就　2. 要是 那　3. 假如 那么
4. 哪怕 也　5. 要是 那么　6. 如果 便
7. 就算 也

二、1. ×（倘若一篇作文跑题了，即使文笔再好，也拿不到多少分。）
2. ×（就是到了冬天，公园里的松柏也是碧绿的。）
3. √
4. √
5. ×（如果有来生，我仍愿做中国人。）
6. √
7. √

## 第九节 专项突破：表示因果关系的关联词语

一、1. 由于 因此　2. 既然 就
3. 之所以 是因为　4. 既 就
5. 所以　6. 可见　7. 既然
8. 因为　9. 是由于　10. 因此
11. 由于　12. 既

二、1. √
2. √
3. √
4. ×（因为海水温度不断升高，破坏了企鹅的生存环境，所以企鹅的数量急剧减少。/ 企鹅的数量之所以急剧减少，是因为海水温度不断升高，破坏了企鹅的生存环境。）
5. ×（由于受凉，他感冒了。）
6. ×（他总是不好好刷牙，因而出现了蛀牙。）
7. √

## 第十节 综合提升

一、1. 只要 就　2. 不仅 也
3. 不但 还　4. 无论 都
5. 只要 就　6. 不仅 而且
7. 因为 所以　8. 不仅 还
9. 因为 所以　10. 不但 还
11. 不只 还　12. 不光 还
13. 虽然 可是　14. 先 再 然后

二、1. 就　2. 然后　3. 更　4. 所以
5. 除非　6. 并　7. 便

三、1. 转折　2. 递进　3. 并列　4. 选择
5. 条件　6. 转折　7. 承接　8. 选择
9. 条件　10. 因果　11. 递进　12. 并列
13. 条件　14. 假设　15. 转折

四、1. 他一面与敌人周旋，一面把消息传了出去。
2. 一个王朝的灭亡，不是因为起义军多么强大，而是因为统治者自己失去了民心。
3. 这项发明有重大意义，既可以增加显著的经济效益，又可以带来良好的社会效益。
4. 这种疗法不但没有减轻疾病带给病人的疼痛，反而增加了病人的经济负担。
5. 游客爬山久了尚且会感到疲惫，何况挑山工还担着货物呢？
6. 四大发明不仅影响了中国的文化，还影响了世界的文明发展。
7. 要成为一名合格的医生，首先要具备高尚的医德，其次要具备精湛的

医术。

8. 起初只是蝴蝶扇动了一次翅膀，后来却在别的地方引起了一场龙卷风。
9. 护士一抽完血，就在针眼处按上棉签。
10. 树懒不是在吃东西，就是在睡觉。
11. 与其被人摆布，不如自己掌握命运。
12. 赵一曼宁可从容赴死，也不向敌人低头。
13. 虽然天气越来越冷，但是他每天仍旧坚持晨练。
14. 先天的禀赋固然很重要，但是后天的努力付出更重要。/虽然先天的禀赋很重要，但是后天的努力付出更重要。
15. 我何尝不想去，只是没时间罢了。
16. 无论我们走到何处，都不应忘记自己是中国人。
17. 只要按一下启动键，洗衣机就会自动洗衣脱水。/除非按一下启动键，洗衣机才会自动洗衣脱水。
18. 除非在这里修个水库，才能解决灌溉问题。/只要在这里修个水库，就能解决灌溉问题。
19. 为了国家的利益，哪怕牺牲自己的生命，我也毫不退缩。
20. 万一打捞工具断了，我们就干不成了。/假如打捞工具断了，我们就干不成了。
21. 假如我们早早出发，就能避开早高峰。
22. 你既然答应了别人，就要言而有信。
23. 因为鲸鱼不会在水里呼吸，所以需要每隔一段时间浮出水面换气。
24. 人们之所以留下来，是因为这里是他们世代生活的家乡。

五、1. 尽管　与其　不如
2. 不但　而且　也
3. 如果　那么　是因为
4. 无论　都　还

# 第四章　熟语专项突破

## 第二节　专项突破：成语的恰当应用

一、男：美如冠玉　孔武有力　阳刚之气　英俊潇洒
女：大家闺秀　闭月羞花　花容月貌　豆蔻年华　亭亭玉立
老：老当益壮　鹤发童颜　老态龙钟　老而弥坚
幼：天真烂漫　稚气未脱　欢蹦乱跳　乳臭未干
胖：大腹便便　肥头大耳　脑满肠肥
瘦：瘦骨嶙峋　面黄肌瘦　形如槁木　形销骨立

二、1. 别有洞天　2. 地广人稀
3. 浑然一体　4. 春暖花开
5. 湖光山色　6. 错落有致

三、1. 人山人海　2. 堆积如山
3. 九牛一毛　4. 浩如烟海
5. 不胜枚举　6. 历历可数

四、1. 猴年马月　2. 成年累月
3. 光阴似箭　4. 稍纵即逝
5. 争分夺秒　6. 寒来暑往

五、1. 铿锵有力　2. 惊天动地
3. 响彻云霄　4. 鬼哭狼嚎
5. 万籁俱寂　6. 人声鼎沸

## 第三节　专项突破：成语的搭配

一、1. 结果　2. 诗文　3. 父母　4. 对手
5. 读书　6. 态度　7. 草原　8. 天空
9. 观点　10. 实验　11. 消息　12. 将军
13. 谣言　14. 效果　15. 病情　16. 身体
17. 成果　18. 产品　19. 后果　20. 学者
21. 工艺　22. 性格　23. 罪行　24. 习惯
25. 医生　26. 将军　27. 宫殿　28. 事迹
29. 处境　30. 策略　31. 高楼　32. 性格
33. 比分　34. 论调　35. 奸商　36. 信念
37. 气氛　38. 大地　39. 风格　40. 恋人
41. 商品　42. 儿童　43. 行为　44. 夜晚

45. 工匠　46. 家具　47. 作品　48. 影响
49. 写得　50. 急得　51. 乐得　52. 打得
53. 画得　54. 吓得　55. 吃得　56. 围得
57. 看得　58. 做得　59. 唱得　60. 学得
61. 羞愧得　62. 残忍得　63. 惊讶得
64. 卑鄙得　65. 滑稽得　66. 追赶得
67. 朗读得　68. 修建得　69. 梦想着
70. 享受着　71. 引起了　72. 期待着

二、1. 大厦将倾　力不从心
风烛残年　真知灼见
至理名言　危在旦夕
深入浅出　融会贯通
2. 眉飞色舞　束手就擒
故伎重演　一步登天
瓮中之鳖　老调重弹
青云直上　笑逐颜开
3. 蓬头垢面　表里如一
画蛇添足　哗众取宠
言行一致　不修边幅
招摇过市　多此一举
4. 万众一心　言而无信
唯利是图　对答如流
出尔反尔　同仇敌忾
从容不迫　不择手段
5. 未雨绸缪　步步为营
稳扎稳打　旗鼓相当
势均力敌　水到渠成
瓜熟蒂落　防患未然
6. 轰轰烈烈　满目疮痍
千疮百孔　惊天动地
举一反三　潜移默化
耳濡目染　触类旁通

## 第四节　专项突破：读故事，写成语

一、1. 画龙点睛　2. 凤凰涅槃
3. 鲲鹏得志　4. 麟趾呈祥
5. 饕餮盛宴
二、1. 对牛弹琴　2. 东山再起
3. 亡羊补牢　4. 口蜜腹剑
5. 口若悬河

## 第五节　专项突破：成语的释义

一、1. ABC　2. BAC　3. CAB
4. BAC　5. CBA　6. ACB
7. CAB　8. BCA　9. BCA
10. BCA　11. CAB　12. CAB
13. BAC　14. CAB　15. BCA
16. BAC　17. BCA　18. BCA
19. BCA　20. CAB
二、1. A　2. B　3. A　4. A　5. A
6. B　7. A　8. B　9. B　10. A
11. B　12. B
三、1. 将信将疑 / 半信半疑　2. 孑然一身
3. 风起云涌　4. 肆无忌惮
5. 龙腾虎跃　6. 面目全非
7. 精神焕发　8. 日新月异
9. 为所欲为　10. 误入歧途

## 第六节　专项突破：近义成语和反义成语

一、1. 同舟共济　2. 水到渠成　3. 狗仗人势
4. 不闻不问　5. 扭转乾坤　6. 不求甚解
7. 兼容并包　8. 富丽堂皇　9. 急中生智
10. 孤注一掷　11. 长年累月
12. 管中窥豹　13. 脱颖而出
14. 患难与共　15. 杳无人迹
16. 见微知著　17. 众望所归
18. 披坚执锐
二、1. B　2. A　3. B　4. B　5. B　6. A
7. B　8. A　9. A　10. A　11. A　12. B
13. A　14. B　15. B
三、1. 哀兵必胜　2. 通情达理　3. 门可罗雀
4. 适可而止　5. 临阵脱逃　6. 愁眉苦脸
7. 貌合神离　8. 心口如一　9. 柳暗花明
10. 万念俱灰　11. 网开一面
12. 饥寒交迫　13. 笨口拙舌
14. 不共戴天　15. 千篇一律
16. 偃旗息鼓　17. 不堪一击
18. 下里巴人　19. 含糊其词

20. 无所事事 21. 众说纷纭
22. 洁身自好 23. 没精打采
24. 藕断丝连

四、1. 破绽百出 2. 一丝不苟 3. 扶摇直上
4. 见多识广 5. 真心实意 6. 丰衣足食
7. 惊慌失措 8. 名副其实 9. 忘恩负义
10. 损人利己 11. 大获全胜
12. 举足轻重 13. 杂乱无章
14. 鸦雀无声 15. 持之以恒
16. 无的放矢 17. 随机应变
18. 安分守己 19. 志同道合
20. 不出所料 21. 津津有味
22. 哑口无言 23. 居安思危
24. 半信半疑 / 将信将疑

## 第七节 专项突破：ABAC 式成语

一、1. 我行我素 2. 十全十美
3. 像模像样 4. 自作自受
5. 稳扎稳打 6. 美轮美奂
7. 尽善尽美 8. 探头探脑
9. 不三不四 10. 如火如荼
11. 逐字逐句 12. 冷言冷语
13. 半推半就 14. 有说有笑
15. 惟妙惟肖 16. 实话实说
17. 亦步亦趋 18. 畏首畏尾
19. 百发百中 20. 绘声绘色
21. 倾国倾城 22. 如醉如痴
23. 若即若离 24. 知己知彼
25. 久而久之 26. 一言一行
27. 云卷云舒 28. 非亲非故
29. 何去何从 30. 偏听偏信
31. 离心离德 32. 作威作福
33. 忧国忧民 34. 民脂民膏
35. 有血有肉 36. 公事公办
37. 破罐破摔 38. 大摇大摆
39. 没心没肺 40. 自吹自擂

二、1. 有模有样 2. 毛手毛脚
3. 无时无刻 4. 患得患失
5. 诚惶诚恐 6. 多才多艺
7. 独来独往 8. 徒子徒孙
9. 克勤克俭 10. 不干不净
11. 所见所闻 12. 假仁假义
13. 大包大揽 / 大模大样 / 大手大脚
14. 倒买倒卖 15. 合情合理
16. 难兄难弟 17. 能文能武
18. 毕恭毕敬 19. 拿腔拿调
20. 自言自语

## 第八节 专项突破：成语小游戏

一、1. 别 面 赤 拳 心 一 行 木 舟 顿
2.

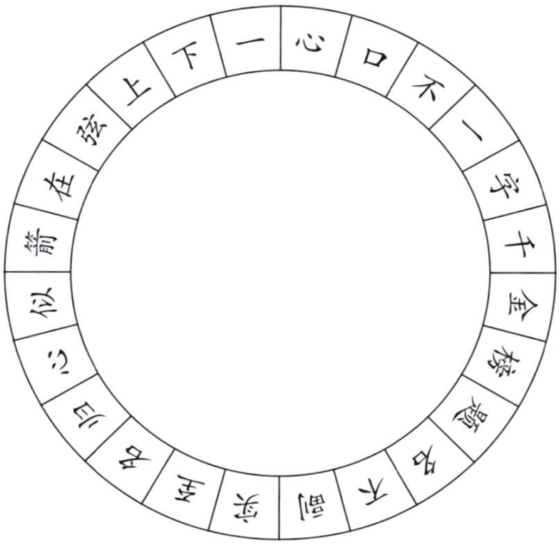


二、1. 松 2. 下 3. 问 4. 童 5. 子
6. 言 7. 师 8. 采 9. 药 10. 去
11. 只 12. 在 13. 此 14. 山 15. 中
16. 云 17. 深 18. 不 19. 知 20. 处

三、1. 零 2. 一 3. 二 4. 三 5. 四
6. 五 7. 六 8. 七 9. 八 10. 九
11. 十 12. 百 13. 千 14. 万
15. 十万 16. 百万

四、1. 有 2. 志 3. 不 4. 在 5. 年
6. 高 7. 无 8. 志 9. 空 10. 活
11. 百 12. 岁

五、1. 不上不下 2. 原形毕露 3. 请君入瓮
4. 光明正大 5. 落花流水 6. 难言之隐
7. 才气过人 8. 以一当十 9. 胸中有数
10. 引人入胜 11. 难以置信
12. 形影不离 13. 闻过则喜
14. 开门见山 15. 水泄不通

16. 一目了然

## 第九节 专项突破：熟语积累

一、1. 梦 2. 羹 3. 宴
4. 牛 5. 卒 6. 交
7. 主 8. 狼 9. 炮
10. 令 11. 砖 12. 洞
13. 钉 14. 威 15. 鸡
16. 狗 17. 奴 18. 风
19. 窝 20. 有 21. 大
22. 出 23. 煞 24. 吹
25. 闷 26. 露 27. 破
28. 步 29. 跑 30. 一
31. 抱 32. 执 33. 想
34. 卷 35. 放 36. 墙
37. 捋 38. 敲 39. 乱
40. 半

二、1. 三 2. 八 3. 十 4. 八 5. 八 九
6. 五 十 7. 九 二 8. 三 9. 三 百
10. 二 十 一 11. 九 十 12. 百
13. 百 14. 三 两

三、1. 功到 2. 树倒 3. 日久 4. 快刀
5. 久旱 6. 无巧 7. 换汤 8. 无风
9. 佛脚 10. 麦芒 11. 山倒
12. 状元 13. 年高 14. 心死
15. 从命 16. 牛刀 17. 事实
18. 风马牛 19. 有志者 20. 大旗
21. 自毙 22. 虎 23. 酒 24. 水

四、1. 彼一时 2. 雨点小 3. 慎于言
4. 肉中刺 5. 泣鬼神 6. 心不烦
7. 共患难 8. 不可辱 9. 高不成
10. 过五关 11. 吃一堑 12. 胜不骄
13. 万夫莫开 14. 如隔三秋
15. 金石可镂 16. 亦能覆舟
17. 下自成蹊 18. 流水无情
19. 何患无辞 20. 后人乘凉
21. 终须一别 22. 必有近忧
23. 闻者足戒 24. 后事之师
25. 国家兴亡 26. 十年树木
27. 知无不言 28. 失之毫厘
29. 四体不勤 30. 眼观六路
31. 聪明一世 32. 螳螂捕蝉
33. 日久见人心 34. 只怕有心人
35. 不怕没柴烧 36. 能知天下事
37. 工欲善其事 38. 知之为知之
39. 少壮不努力 40. 良药苦口利于病

五、1. 谦受益，满招损 2. 名不正，言不顺
3. 前怕狼，后怕虎 4. 不贪财，祸不来
5. 一不做，二不休 6. 有过之，无不及

六、关于珍惜时间的：3、6
关于品格的：5
关于读书学习的：1
关于志向的：2、4

七、1. A
2. 良药苦口利于病，忠言逆耳利于行。
3. 临渊羡鱼，不如退而结网。
4. 兼听则明，偏听则暗。

## 第十节 综合提升

一、1. lòu lù liàng liáng
zháo zhuó sǎn sàn
shè shě dāng dàng
sè sài wéi wèi
jì jǐ mú mó
2. kè zhì
bì huì
qù zhì
chéng xuē
chā xián
xué sù
nìng jiá
wěn pǐ
bō jí
jiào jì
hè ǒu
jiā zhuō
fù tā
tiǎn xiàng

chán qiǎo
jǐ xì
hé hē
qián bō
jiào sè
jiē yīng
qū cī

3. A
4. A

二、1. 尚　和　程　拜
计　剑　冠　帆
秘　寐　恭　作
诡　投　待　戴
工　刻　毕　益
和　滔滔　杠　和
合　瘴　奈　议
欣　诵　废　尔
清　厉　首　变

2. 靡　采　蓬　缥
彬彬　膺　籁　罄
勠　驰　卷　茶
绌　肓　炼　拔

3. 备　辈　印　映
筹　胫　力　营
川　炙　曼　部
义　成　崭　生

4. C　5. A　6. B
7. A　8. C　9. D

三、1. 与世无争　2. 梦寐以求　3. 阿谀奉承
4. 驾轻就熟　5. 蒙在鼓里　6. 感人肺腑
7. 愁眉不展　8. 牵强附会　9. 迷途知返
10. 豪情壮志　11. 大气磅礴
12. 不甘示弱

四、1. 勿　2. 莫　3. 叵　4. 罔　5. 莫
6. 非　7. 非　8. 未　9. 莫　10. 不
11. 不　12. 莫　13. 未　14. 绝　15. 莫
16. 绝　14. 未　18. 莫　19. 未　20. 匪
21. 毋　22. 莫　23. 匪　24. 莫　25. 未
26. 无　27. 毋　28. 弗

五、1. 塞翁　2. 东施　3. 江郎　4. 夸父
5. 孟母　6. 叶公　7. 愚公　8. 项庄
9. 毛遂　10. 精卫　11. 周公　12. 庄周
13. 庖丁　14. 女娲　15. 冯唐　16. 孙山

六、庖丁——游刃有余
南郭先生——滥竽充数
毛遂——脱颖而出
孟尝君——鸡鸣狗盗
匡衡——凿壁偷光
韩安国——强弩之末
项羽——四面楚歌
廉颇——负荆请罪
荆轲——图穷匕见
刘秀——得陇望蜀

七、1. A　2. C　3. B　4. D　5. C
6. A　7. D　8. B　9. C　10. A

八、1. 马不停蹄　2. 马到成功　3. 蛛丝马迹
4. 老马识途　5. 青梅竹马　6. 人命关天
7. 人云亦云　8. 人声鼎沸　9. 寄人篱下
10. 人多势众　11. 风声鹤唳
12. 风言风语　13. 风雨同舟
14. 风华正茂　15. 风起云涌
16. 无微不至　17. 无能为力
18. 无边无际　19. 无影无踪
20. 无懈可击